手绘中国
SHOUHUI ZHONGGUO

重庆城事绘

CHONGQING CHENG SHI HUI

马达 著

手绘
重庆

青岛出版集团 | 青岛出版社

图书在版编目（CIP）数据

重庆城事绘 / 马达著.—青岛：青岛出版社，2023.6
ISBN 978-7-5736-0283-1

Ⅰ.①重… Ⅱ.①马… Ⅲ.①旅游指南—重庆 Ⅳ.①K928.971.9

中国版本图书馆CIP数据核字（2022）第095791号

书　　名　重庆城事绘
作　　者　马　达
绘　　图　许德龙　李子璇
出版发行　青岛出版社（青岛市崂山区海尔路182号）
本社网址　http://www.qdpub.com
邮购电话　18613853563
策　　划　马克刚　张　晓
责任编辑　祁聪颖
特约编辑　高文方　肖　娜
装帧设计　蒋　晴　王文艳　张　晴　张　杰
印　　刷　天津联城印刷有限公司
出版日期　2023年6月第1版　2023年6月第1次印刷
开　　本　16开（787mm×1092mm）
印　　张　11.25
字　　数　200千
书　　号　ISBN 978-7-5736-0283-1
定　　价　48.00元

编校印装质量、盗版监督服务电话　4006532017　0532-68068050

目　录

第二章　重庆风俗

第三章　重庆景致

第五章 重庆情趣

第六章 风云人物

第一章

白话重庆

张仪初筑江州城

关于张仪建造重庆城的记录很少，史书上只有寥寥几笔。据《华阳国志》记载，『秦惠文王遣张仪灭巴，城江州』，这时是公元前316年，据说张仪只在江州待了一年督促建城，第二年就离开了。初建的江州城很小，后世考证，城址大概是在今渝中区长江、嘉陵江汇合处朝天门一带。

巴蜀刚灭，张仪就急不可耐地在重庆和成都分别筑城，意在楚国。在重庆筑城，依靠其险要的地形，此城可以成为阻挡在楚国前进路上的坚实堡垒，而在成都筑城旨在利用当地富饶的土地产出的粮食，使此地域为秦国的后备粮仓。事实证明，张仪在两地留下的诸般布置，对后来秦国灭楚起到了很大作用。

张仪初筑江州城

重庆历史上第一次作为都城是在公元前 11 世纪，骁勇善战的巴国人在这里建立了简陋的城市。巴国人崇尚武力，但不善于建设，他们的土地和财富都是靠战争和盐运贸易获取的。到了战国后期，巴国贵族腐化堕落，没有争雄之心，最终巴国和相邻的蜀国都被秦国吞并，秦惠文王派出张仪经略巴国，将巴国改为巴郡，并在原巴国国都建起了一座江州城（今重庆），在蜀国建“龟化城”，即今成都。

关于张仪建造重庆城的记录很少，史书上只有寥寥几笔。据《华阳国志》记载“秦惠文王遣张仪灭巴，城江州”，这时是公元前 316 年，据说张仪只在江州待了一年督促建城，第二年就离开了。初建的江州城很小，后世考证，城址大概是在今渝中区长江、嘉陵江汇合处朝天门一带。

巴蜀刚灭，张仪就急不可耐地在重庆和成都分别筑城，意在楚国。当时楚国与秦国是盟友，虽然一同出兵灭巴，但秦楚之间必有一战，这是以统一诸国为目标的秦国君臣共同的认知。尽管秦惠文王的后宫里有来自楚国的芈八子，但是一个女人的力量无法阻止秦国针对楚国做出布置。在重庆筑城，依靠其险要的地形，此城可以成为阻挡在楚国前进路上的坚实堡垒，而在成都筑城旨在利用当地富饶的土地产出的粮食，使此地域为秦国的后备粮仓。事实证明，张仪在两地留下的诸般布置，对后来秦国灭楚起到了很大作用。

秦始皇能够统一六国，建立中国历史上第一个封建大一统王朝不是偶然，而是秦国数代君臣努力经营的结果。张仪建造江州城也许在中国历史上不算大事，但在重庆历史上却是一大创举，值得记一笔。

李严扩建江州城

蜀汉时期，蜀国大将李严任江州（重庆）中都护。为增强江州的防御能力，李严动工大修江州城，最终修筑完毕的江州城史称『李严大城』，是如今重庆城下半城的雏形。

在修筑大城的同时，李严还计划『凿山成岛』——从鹅岭开挖，选在渝中半岛最狭窄处，切山贯通长江和嘉陵江，使江州由半岛变成岛，从而达到『固若金汤』的防御效果。

李严扩建江州城

蜀汉时期，蜀国大将李严任江州（重庆）中都护。为增强江州的防御能力，李严动工大修江州城，最终修筑完毕的江州城史称“李严大城”，是如今重庆城下半城的雏形。

在修筑大城的同时，李严还计划“凿山成岛”——从鹅岭开挖，选在渝中半岛最狭窄处，切山贯通长江和嘉陵江，使江州由半岛变成岛，从而达到“固若金汤”的防御效果。

不过，这个奇妙的计划却被诸葛亮以“不利于军事”给否定了。由于当时蜀国正集中力量“北伐出祁山”，李严要“凿山成岛”，必然消耗大量的人力和物力。而且这时候诸葛亮想把李严调到成都，督运粮草，给自己当“后勤部长”。这弄得李严心里很不愉快：他和诸葛亮同为刘备临终前的托孤之臣，地位不比诸葛亮低，诸葛亮阻挠了他的计划也就罢了，还想让他做诸葛亮的“后勤部长”？心里不悦归不悦，军令如山，不服从是不行的，但是李严又闹了这么一出：

公元231年春，诸葛亮出兵祁山，李严负责督运粮草。夏秋之季，碰上阴雨连绵的天气，粮草运输跟不上，李严就写信给诸葛亮，让他撤军。诸葛亮撤军后，李严想把责任推到诸葛亮身上，就跑到后主刘禅面前，装作惊讶的样子说，军粮充裕，诸葛亮为什么要退兵呢？诸葛亮便将李严的书信递上去，李严的过失暴露无遗，于是被废为平民，流放梓潼郡（今四川省绵阳市梓潼县）。

有意思的是，公元234年，李严听说诸葛亮去世，紧接着也死了。这大概是因为李严觉得只有诸葛亮才会起用他，所以诸葛亮死后，他竟心怀积郁而病逝。

小贴士：

为什么李严所筑的城被称为“大城”？

据史料记载，李严所修筑的江州城达到了明清时期重庆城的规模，在当时算是规模巨大，因此被称为“大城”。

赵谂一梦，『渝州』变『恭州』

有一天赵谂梦见自己遇见一位神仙，梦中神仙为自己算命，批言说：『冕旒端拱披龙衮，天子今年二十三。』赵谂惊醒之后冷汗涔涔，因为批言中的意思是自己今年会做皇帝。赵谂知道梦中之事大逆不道，因此暗自告诫自己不能对外人说。然而在一次聚会中，赵谂酒后失言，不小心将梦里的事说了出来，而后此言又被有心者传到了宋徽宗的耳朵里。宋徽宗本来就认为渝州的『渝』本意为『变』，渝州可能有人谋反，而赵谂就是渝州人。赵谂之梦恰与宋徽宗内心之担忧不谋而合，宋徽宗心中便起了杀意。崇宁元年赵谂还乡探母，途中被抓入狱，不久后身亡。宋徽宗一心认为渝州的『渝』字不祥，遂下旨将其改为『恭州』，寓意永世对朝廷恭恭敬敬。

赵谂一梦，“渝州”变“恭州”

隋文帝时，废郡改州制，因重庆被渝水（重庆市内嘉陵江古称）环绕，便将此城命名为“渝州”。以“山川河流”为城市命名倒也贴切。然而，宋代将渝州更名恭州，其原因居然是某个人做的一场梦。

赵谂本是一介书生，祖上是渝州南部僚人，因父亲归顺朝廷得以冠“赵”姓，自己也就跟着皇帝姓了赵。赵谂自幼聪颖，不但考中了进士，而且官至太常博士。赵谂性格耿直，为官期间，曾因不满宋哲宗贬黜苏轼而抨击朝廷，被很多趋炎附势之人说有反心。巧合的是，有一天赵谂梦见自己遇见一位神仙，梦中神仙为自己算命，批言说：“冕旒端拱披龙衮，天子今年二十三。”赵谂惊醒之后冷汗涔涔，因为批言中的意思是自己今年会做皇帝。赵谂知道梦中之事大逆不道，因此暗自告诫自己不能对外人说。然而在一次聚会中，赵谂酒后失言，不小心将梦里的事说了出来，而后此言又被有心者传到了宋徽宗的耳朵里。宋徽宗本来就认为渝州的“渝”本意为“变”，渝州可能有人谋反，而赵谂就是渝州人。赵谂之梦恰与宋徽宗内心之担忧不谋而合，宋徽宗心中便起了杀意。崇宁元年赵谂还乡探母，途中被抓入狱，不久后身亡。宋徽宗一心认为渝州的“渝”字不祥，遂下旨将其改为“恭州”，寓意永世对朝廷恭恭敬敬。

一国兴衰事，多为天子意。渝州之名自隋文帝起到宋徽宗止，中间断断续续500多年，这个“渝”字成了重庆不变的印记。

赵惇喜上加喜，重庆因此得名

赵惇即位之后，按照宋代『潜藩升府』的惯例，将其藩王时期的封地『恭州』升格为『恭府』。这时候赵惇坐在龙椅之上，看着自己原本的封地一片庆祝新帝登基的欢腾景象。封地升州为府，再加上自己当了皇帝，内心无限欢喜，于是，赵惇以『双重喜庆』的寓意将恭州改名为『重庆』。这个充满欢庆吉祥寓意的名字一直沿用到今天，再也没有变更过。

人们说，『重庆』之名用了几百年，可以从重庆人的脸上看到，每一个重庆人都热情洋溢，仿佛每天都在为喜事庆祝；重庆的简称『渝』也沿用了几百年，也可以从重庆人的身上看到，重庆人继承了『渝』字『变』的含义，不墨守成规，而是与时俱进。

赵惇喜上加喜，重庆因此得名

当你看到“重庆”这个城市的名字时，如果用字面意思“双重喜庆”去理解，那么恭喜你已经发现了“重庆”之名的来历。而在重庆这片土地获得“双重喜庆”的幸运之人，正是南宋皇帝宋光宗赵惇。

绍兴三十二年（1162），宋孝宗赵昚即位，将其三儿子赵惇封为恭王，封地在恭州。宋孝宗在位期间，整顿吏治、平反岳飞冤案，起用主战派欲以收复北方……被称为南宋最有作为的皇帝。很多皇帝早早立下太子，不到自己驾崩不舍得让出皇位，赵昚却不贪恋宝座，在63岁的时候功成身退，将皇位禅让于太子赵惇。

赵惇即位之后，按照宋代“潜藩升府”的惯例，将其藩王时期的封地“恭州”升格为“恭府”。这时候赵惇坐在龙椅之上，看着自己原本的封地一片庆祝新帝登基的欢腾景象。封地升州为府，再加上自己当了皇帝，内心无限欢喜，于是，赵惇以“双重喜庆”的寓意将恭州改名为“重庆”。这个充满欢庆吉祥的名字一直沿用到今天，再也没有变更过。

人们说，“重庆”之名用了几百年，可以从重庆人的脸上看到，每一个重庆人都热情洋溢，仿佛每天都在为喜事庆祝；重庆的简称“渝”也沿用了几百年，也可以从重庆人的身上看到，重庆人继承了“渝”字“变”的含义，不墨守成规，而是与时俱进。

改变世界历史的钓鱼城保卫战

钓鱼城位于重庆合州钓鱼山上，地势险要，易守难攻，周围有大片田地可供耕种。但由于城池年久失修，往城墙上砸一拳就会掉下来不少土，彭大雅下令，命全城军民推倒土墙，用条石和煅烧的大青砖砌墙，并扩大了整个重庆城的规模。当时的官员和百姓都认为彭大雅在这种危急存亡的时刻不该大兴土木，但彭大雅顶住压力，最终建成了固若金汤的钓鱼城。后来，彭大雅屡遭弹劾，被贬为庶人。

1257年，蒙古大汗蒙哥发动全面攻宋战争。他以四川为主攻方向，攻克了四川北部大部分地区，然后亲自率军向重庆攻去。蒙哥在钓鱼城遭到了顽强抵抗，连续进攻五个多月仍然不能攻克。于是，蒙哥决定亲自攻城，让人修建了一座望楼，用来观察钓鱼城。他不知道的是，从望楼开始建设的那一天起，宋军就在钓鱼城东门上架设了一尊大炮，炮口正对望楼。当看到大批蒙古军高级军官出现，守将王坚一声令下，望楼应声而倒，据明万历《合州志》记载，蒙哥被一颗飞石击中，重伤身亡。

改变世界历史的钓鱼城保卫战

南宋末年，蒙古人继承成吉思汗的遗志，认为马蹄所到之处就是蒙古的领土，对于宋朝的攻打尤其激烈。

1234 年，金朝灭亡后，宋朝直面蒙古大军，中间没了缓冲地带。宋朝打退了蒙古军最初的几次进攻后，开始积极修建城池。1239 年，宋朝将领彭大雅任四川安抚制置副使，抢修钓鱼城。钓鱼城位于重庆合州钓鱼山上，地势险要，易守难攻，周围有大片田地可供耕种。但由于城池年久失修，往城墙上砸一拳就会掉下来不少土，彭大雅下令，命全城军民推倒土墙，用条石和煅烧的大青砖砌墙，并扩大了整个重庆城的规模。当时的官员和百姓都认为彭大雅在这种危急存亡的时刻不该大兴土木，但彭大雅顶住压力，最终建成了固若金汤的钓鱼城。后来，彭大雅屡遭弹劾，被贬为庶人。

1257 年，蒙古大汗蒙哥发动全面攻宋战争。他以四川为主攻方向，攻克了四川北部大部分地区，然后亲自率军向重庆攻去。蒙哥在钓鱼城遭到了顽强抵抗，连续进攻五个多月仍然不能攻克。于是，蒙哥决定亲自攻城，让人修建了一座望楼，用来观察钓鱼城。他不知道的是，从望楼开始建设的那一天起，宋军就在钓鱼城东门上架设了一尊大炮，炮口正对望楼。当看到大批蒙古军高级军官出现，守将王坚一声令下，望楼应声而倒，据明万历《合州志》记载，蒙哥被一颗飞石击中，重伤身亡。

蒙哥突然死亡，没有留下遗诏，已经包围鄂州的忽必烈，兵至长沙的兀良合台以及攻占了阿拉伯半岛大片土地、准备向埃及进军的旭烈兀等亲王纷纷撤兵，回去争夺汗位。南宋政权因此得以苟延残喘 40 年，蒙古大军征伐亚欧大陆的战争也不得不中断，可以说这座小小的钓鱼城改变了世界历史的走向。

大夏政权以及它的建立者明玉珍

1360年，与明玉珍同为徐寿辉部下的陈友谅，将徐寿辉杀害后登基称帝。明玉珍对陈友谅『弑主自立』的行为十分不满，就与他断绝了关系。为稳定人心，1362年，明玉珍在重庆称帝，国号『大夏』。

虽然当了皇帝，但是明玉珍的生活依旧非常节俭。他不喝酒，不喜荤，也没扩建后宫。他用原巴县官署旧宅做皇宫，将朝廷设在原长安寺（现重庆25中一带），接待外宾、使节的国宾馆则设在原治平寺（现渝中区罗汉寺），拒绝大兴土木。他推行『轻徭薄赋』政策，免除了元朝以来的种种苛捐杂税，一年收成只『十取其一』，徭役全免。一时间大夏政权『礼乐刑政，纪纲法度，卓然有绪』，重庆成了乱世中的一方乐土。

大夏政权以及它的建立者明玉珍

元末明初的大夏政权是历史上唯一一个以重庆为国都的政权，政权的建立者明玉珍则是重庆历史上唯一一位开国皇帝。

元朝末年，社会动荡，各地起义不断，终于在1351年爆发了元末农民起义。刚20岁出头的湖北人明玉珍也拉起一股乡兵，投靠了红巾军统帅徐寿辉。明玉珍作战勇猛，很快便升为元帅。1357年，他将重庆城从元军手中夺了过来。此后，明玉珍以重庆为据点，向川西、川南、川北发展，最终消灭了盘踞在巴蜀的元军，控制了四川以及陕、甘、黔、滇、鄂等部分地区。

1360年，与明玉珍同为徐寿辉部下的陈友谅，将徐寿辉杀害后登基称帝。明玉珍对陈友谅“弑主自立”的行为十分不满，就与他断绝了关系。为稳定人心，1362年，明玉珍在重庆称帝，国号“大夏”。

虽然当了皇帝，但是明玉珍的生活依旧非常节俭。他不喝酒，不喜荤，也没扩建后宫。他用原巴县官署旧宅做皇宫，将朝廷设在原长安寺（现重庆25中一带），接待外宾、使节的国宾馆则设在原治平寺（现渝中区罗汉寺），拒绝大兴土木。他推行“轻徭薄赋”政策，免除了元朝以来的种种苛捐杂税，一年收成只“十取其一”，徭役全免。一时间大夏政权“礼乐刑政，纪纲法度，卓然有绪”，重庆成了乱世中的一方乐土。

1366年，明玉珍病逝，其子明升继位。1371年，大夏国被明太祖朱元璋所灭，次年，明升因频出怨言被明太祖用海舟远送至高丽，明氏后裔开始在朝鲜半岛繁衍生息。据明氏家谱记载，现在在韩国生活的明玉珍后裔已达2.6万人，如果算上在朝鲜的后裔，总数能达4万余人。

小贴士：

韩国明氏后人来重庆祭祖

1982年，明玉珍的陵墓在江北区上横街原重庆市织布厂施工现场被发现。自1992年起，明氏后裔多次来重庆祭祖。

张献忠攻陷重庆

1644年6月，张献忠率领着他的农民军来到了铜锣峡，向驻扎在那里的明军发起进攻。

然而重庆城城高墙厚，明军炮火猛烈，几次进攻下来，农民军死伤无数，重庆城却依然坚不可摧。

张献忠只好暂时偃旗息鼓，召来将领想对策。有熟悉周围环境的将领提出通远门外是一大片坟地，可以挖出棺材板，顶在头上，靠近城墙。张献忠按计施为，让兵士顶着落石、滚油靠近城墙后，在城墙下挖坑，往里填埋炸药。『轰隆』一声，城墙被炸出个大口子，重庆城破了。

张献忠攻陷重庆

重庆地势险要，易守难攻，历来都是王朝更迭时难以攻克的地方，比如南宋末年的钓鱼城保卫战，一座坚固的钓鱼城阻挡了蒙古铁骑多年。但历史往往在人们意想不到的地方颠覆，明末清初，“大魔王”张献忠来到了重庆城下。

1644 年 6 月，张献忠率领着他的农民军来到了铜锣峡，向驻扎在那里的明军发起进攻。当时，崇祯皇帝在煤山上吊，明王朝已经名存实亡，张献忠的军队已经攻下了城西的佛图关，就要对重庆形成合围，张献忠以为拿下重庆城易如反掌，就先派了个使者去城里劝降。没想到，第二天一早就接报说使者的头颅被从城墙上抛下来了，张献忠气得火冒三丈，马上敲起战鼓，下令攻城。然而重庆城城高墙厚，明军炮火猛烈，几次进攻下来，农民军死伤无数，重庆城却依然坚不可摧。

张献忠只好暂时偃旗息鼓，召来将领想对策。有熟悉周围环境的将领提出通远门外是一大片坟地，可以挖出棺材板，顶在头上，靠近城墙。张献忠按计施为，让兵士顶着落石、滚油靠近城墙后，在城墙下挖坑，往里填埋炸药。“轰隆”一声，城墙被炸出个大口子，重庆城破了。

重庆大轰炸

虽然丧心病狂的大轰炸让人们朝不保夕、生活混乱，但这并没有摧垮人们的抗战意志。相反，人们逐渐战胜了恐慌，更加坚强、团结。只要警报一解除，大家就跑回家修补房子、打扫卫生，又开始生活；商店只要没被炸毁，第二天依旧挂出『正常营业』的牌子；受轰炸影响，电力系统经常瘫痪，城里经常漆黑一片，很多百姓就把自家的煤油灯放在外面，方便过往行人和救援队走夜路；很多人自发组成了救援队，进行无偿救援；当雾季到来、日军没法轰炸时，大家还举办活动来宣传抗战，并为抗战募集资金。正是这种吓不怕、打不垮的顽强精神，使得我们坚持抗战，终于迎来了胜利！

重庆大轰炸

全国抗战爆发后，国民政府于1937年11月迁都重庆。日军为了彻底摧毁中国人的抗战意志，迫使国民政府投降，于1938年2月至1943年8月对重庆及其周边地区进行了5年多的无差别轰炸（不分军事目标、民用目标，通通轰炸），史称“重庆大轰炸”。

那时候，跑警报成为重庆民众生活的一部分。所谓“跑警报”，就是在敌机来袭之时，市区拉响防空警报，市民听声躲避。但是在轰炸期间，防空警报系统经常断电，防空人员就通过“挂红球”来告知大家。而所谓“挂红球”，就是将直径约两米长的圆形可折叠大球放在制高点，一旦有轰炸，防空人员就挂红球示警，挂一个红球为预行警报；挂两个即为警报，此时市民要尽快进入防空洞；挂三个是紧急警报，这时不准大家在路上走动。倘若夜间有空袭，则防空人员在红球内加马灯照明，以保预警作用。有时候防空人员还挂绿球。挂绿球表示上一拨敌机轰炸后已离开，而另一拨敌机前来尚需一段时间，市民可趁机走出防空洞呼吸一下新鲜空气。

虽然丧心病狂的大轰炸让人们朝不保夕、生活混乱，但这并没有摧垮人们的抗战意志。相反，人们逐渐战胜了恐慌，更加坚强、团结。只要警报一解除，大家就跑回家修补房子、打扫卫生，又开始生活；商店只要没被炸毁，第二天依旧挂出“正常营业”的牌子；受轰炸影响，电力系统经常瘫痪，城里经常漆黑一片，很多百姓就把自家的煤油灯放在外面，方便过往行人和救援队走夜路；很多人自发组成了救援队，进行无偿救援；当雾季到来、日军没法轰炸时，大家还举办活动来宣传抗战，并为抗战募集资金。正是这种吓不怕、打不垮的顽强精神，使得我们坚持抗战，终于迎来了胜利！

小贴士：

抗战时期在重庆流传甚广的童谣《跑警报》

飞机头，二两油，鹅公岭，挂红球。
日本飞机丢炸弹，山城到处血长流。
跑不完的警报，报不完的深仇。

移民，重庆史上有八次

第一次是秦朝张仪攻破巴国后，秦『移秦民万家实之』。第二次是三国时，移民中有因躲避中原战乱而入川的南阳、三辅居民，也有刘备带来的荆州兵。第三次是两宋时期，北方居民为躲避战乱而逃亡至此。第四次是明初为恢复生产而进行的第一次『湖广填四川』。第五次是清初进行的第二次『湖广填四川』。第六次是国民政府西迁重庆带来的大批人员内迁。第七次是20世纪60年代为进行『三线建设』而引发的人员内迁。第八次是因三峡工程而进行的『三峡大移民』。

重庆移民虽然没有重塑重庆，但深深地影响了重庆。

移民，重庆史上有八次

历史上，重庆有过八次大规模移民。

第一次是秦朝张仪攻破巴国后，秦“移秦民万家实之”。第二次是三国时，移民中有因躲避中原战乱而入川的南阳、三辅居民，也有刘备带来的荆州兵。第三次是两宋时期，北方居民为躲避战乱而逃亡至此。第四次是明初为恢复生产而进行的第一次“湖广填四川”。第五次是清初进行的第二次“湖广填四川”。第六次是国民政府西迁重庆带来的大批人员内迁。第七次是20世纪60年代为进行“三线建设”而引发的人员内迁。第八次是因三峡工程而进行的“三峡大移民”。

重庆移民虽然没有重塑重庆，但深深地影响了重庆。

因为移民，重庆方言有很多词语、语音与湖北、湖南相似。甚至湖北、湖南人到了重庆，用各自的方言与重庆人交流也毫无障碍。重庆人管上厕所叫“解手”，据说也是源自移民。湖广填四川时，移民多半是被强制迁徙的，因此被反绑着手由官差押解而来。路途遥远，途中移民要大小便时，需要让官差解绳松手，“解手”就有了上厕所的含义。大便叫“解大手”，小便就叫“解小手”。

以前，重庆人还有包白头帕的习惯。据说这是因为在移民路上艰险无数，不少人死在了途中，基本上家家戴孝，渐渐地，大家头上包的白帕就不拿下来了，头包白帕就成了部分移民的习俗。

重庆有很多叫杨家坪、王家坡、李子坝、刘家台的地方，也跟移民有关。据说，清朝移民时，清政府鼓励“插占为业”，即在竹片或木块上写上自己的名字，然后将它们一头削尖，把它们插到哪里，哪里就是自己的地盘。

除了这些，移民还将各自家乡的美食、文化等有形的、无形的东西带入了重庆，使得重庆兼收并蓄，开放包容，更加丰富多彩。

小贴士：

重庆前十大姓氏：

罗、李、吴、黄、周、杨、王、刘、陈、张。

重庆“本土”姓氏：

巴、龚、夕、庹、鄂、朴、罗、郑、樊、瞫、相。

重庆：『渝新欧』国际铁路大通道的始发站

『渝新欧』国际铁路大通道使重庆一跃成为中国面向欧洲出口商品的重要中转站和『桥头堡』。这一优势也吸引了国外众多知名企业前来投资。重庆周边的城市因为这条大通道加速了产品进入欧洲市场的步伐；沿线的中亚国家也跟着受益；至于欧洲，因为与中国经济互补性强，自然更喜欢这条大通道。

这条大通道也给重庆市民带来了诸多好处。比如重庆市民想买进口车，那么『渝新欧』国际铁路大通道一方面可以把更多型号的进口车运进来，给大家更多选择；另一方面又能拉低进口车整体价格，帮大家省钱。

重庆："渝新欧"国际铁路大通道的始发站

张骞开辟了丝绸之路后，中国和中亚及欧洲的贸易往来迅速增加。随着时代的飞速发展，我们需要更快的速度，中欧铁路就显得十分必要。而 2013 年进入常态化运营的"渝新欧"国际铁路大通道，就是顺应时代的产物。

这条大通道并不是一条新建的铁路，而是将现有铁路线路优化组合，并提升沿线各国、各地海关通关效率的一条运输通道。这条大通道从重庆出发，经达州、安康、西安、兰州、乌鲁木齐，然后穿过哈萨克斯坦、俄罗斯、白俄罗斯、波兰，最终抵达德国杜伊斯堡。从地图上看，它更像一条将中国与欧洲连接起来的丝带。线路沿途"一次申报、一次查验、一次放行"，列车不必接受多次检查，可以畅通无阻，极大节省了时间。以前，重庆制造的产品进入欧洲市场只有两条路：一是先用铁路将其运到深圳或上海的港口，然后装船，经马六甲海峡绕到欧洲，需要近一个月的时间；二是空运，空运虽然一天就能到达，但费用高。而走"渝新欧"国际铁路大通道，既比海运快，又比空运便宜。

"渝新欧"国际铁路大通道使重庆一跃成为中国面向欧洲出口商品的重要中转站和"桥头堡"。这一优势也吸引了国外众多知名企业前来投资。重庆周边的城市因为这条大通道加速了产品进入欧洲市场的步伐；沿线的中亚国家也跟着受益；至于欧洲，因为与中国经济互补性强，自然更喜欢这条大通道。

这条大通道也给重庆市民带来了诸多好处。比如重庆市民想买进口车，那么"渝新欧"国际铁路大通道一方面可以把更多型号的进口车运进来，给大家更多选择；另一方面又能拉低进口车整体价格，帮大家省钱。

抗战期间多所高校西迁重庆

然而这些困难并没有让教师停止教学，学生停止学习。抗战期间重庆名校会聚，全国各地的名家教授也齐聚于此，马寅初、梁漱溟、陈望道、孙寒冰、曹禺、童第周等名人均来此任教，学生们的学习热情也更加高涨。一些知名教授上课的时候，往往座无虚席，去晚了的学生就站在教室后面，甚至挤在窗户边或教室外面听课。

为了躲避日机轰炸，大家充分利用重庆多雾的气候特点上课。许多学校常常在早晨雾气弥漫时上课，雾散时就躲进防空洞。考试前，学校会出好几套试题，如果考试期间遇到日机空袭，学生便跑进防空洞，空袭之后，重新走进考场，学校另发试卷，继续考试。

抗战期间多所高校西迁重庆

1937年全国抗战爆发，为保存“读书种子”，在国民政府的统筹下，众多高校纷纷内迁。而重庆作为战时首都，自然成了高校内迁的首选地。据统计，抗战时期迁渝高校有30多所，约占内迁西南高校总数的65%。

内迁的学校办学条件十分恶劣。很多学校没有新校舍，只能以祠堂或者寺庙为教室。师生的饭是用稗子和夹杂着砂子等物的糙米煮成的粥，大家戏称其为“八宝饭”，菜则是清水煮萝卜、白菜。宿舍里满是臭虫，地板、天花板上一串一串的，有密集恐惧症的人看了恐怕会当场昏厥。除了这些，天上还经常盘旋着日军的轰炸机。躲避轰炸“跑警报”早已是家常便饭。

然而这些困难并没有让教师停止教学，学生停止学习。抗战期间重庆名校会聚，全国各地的名家教授也齐聚于此，马寅初、梁漱溟、陈望道、孙寒冰、曹禺、童第周等名人均来此任教。学生们的学习热情也更加高涨。一些知名教授上课的时候，往往座无虚席，去晚了的学生就站在教室后面，甚至挤在窗户边或教室外面听课。为了躲避日机轰炸，大家充分利用重庆多雾的气候特点上课。许多学校常常在早晨雾气弥漫时上课，雾散时就躲进防空洞。考试前，学校会出好几套试题。如果考试期间遇到日机空袭，学生便跑进防空洞，空袭之后，重新走进考场，学校另发试卷，继续考试。

日本侵略者想摧毁我们的教育文化机关，然后奴化中国青年之思想，以达到长期统治中国的目的。他们不但没有得逞，反而激发了中国广大师生的爱国之情，大家发愤图强，中国教育也迎来了一个兴盛期。时任中央大学校长的罗家伦说得好：“敌人可以炸毁的是我们的物质，炸不毁的是我们的意志！炸得毁的是我们建设的结果，炸不毁的是我们建设的经验！”

红色重庆

歌乐山麓的渣滓洞是无数人的噩梦。谁也不会想到，这个曾经的小煤窑会成为一个吞噬革命者生命的魔窟。

渣滓洞共有16间男牢房、2间女牢房，曾经关押过江竹筠（江姐）、许建业、余祖胜等300余名革命者。1949年10月，新中国成立的消息传到渣滓洞，革命者们欢欣鼓舞，罗广斌、陈然等人凭着想象用红色的被单和纸剪的五角星做了一面五星红旗，藏在牢房地板下。但他们中的很多人没有等到亲眼看看新中国的那天。

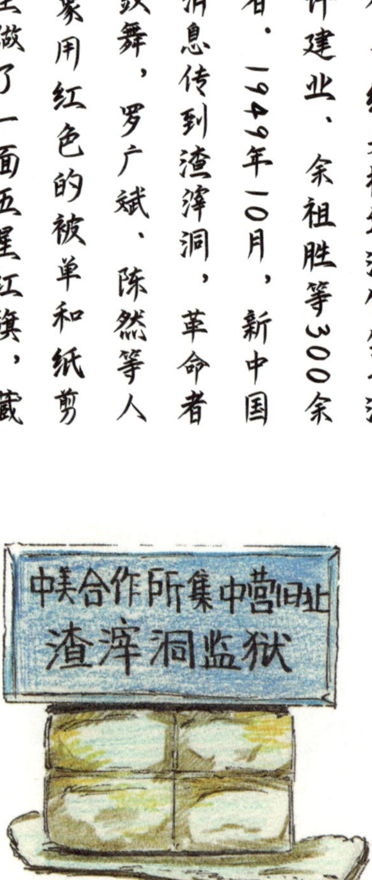

红色重庆

渣滓洞、白公馆、红岩……这一个个听起来或寒气逼人，或热血沸腾的名字都属于重庆。这里是中国最年轻的直辖市，也是抗战时期国民政府的陪都，更是无数革命先烈奋斗和牺牲的地方。在重庆，我们可以游览歌乐山美景，也可以观赏洪崖洞的夜景，但一定别忘了到渣滓洞或白公馆看看先烈们留下的痕迹，那是白色恐怖时代仍有一面红旗飘扬在重庆上空的证据。

渣滓洞集中营

歌乐山麓的渣滓洞是无数人的噩梦。谁也不会想到，这个曾经的小煤窑会成为一个吞噬革命者生命的魔窟。1943 年，国民党将原来作为看守所的香山别墅（白公馆）改为招待所，于是另选监狱地址。军统局总务处处长沈醉开着吉普车在歌乐山附近察看，发现了一座小煤窑，三面环山，一面临沟，位置隐秘安全。于是，国民党特务逼死了这个小煤窑的矿主，将这里改造为监狱。渣滓洞共有 16 间男牢房、2 间女牢房，曾经关押过江竹筠（江姐）、许建业、余祖胜等 300 余名革命者。1949 年 10 月，新中国成立的消息传到渣滓洞，革命者们欢欣鼓舞，罗广斌、陈然等人凭着想象用红色的被单和纸剪的五角星做了一面五星红旗，藏在牢房地板下。但他们中的很多人没有等到亲眼看看新中国的那天。11 月 27 日，四川大部分地区已经解放，国民党开始屠杀监狱中的革命者。当时渣滓洞中还有 200 余名被关押的革命志士，国民党特务以“马上转移，要办移交”为借口将女牢房的人提出来全部关到男牢房中，然后用机枪、卡宾枪扫射，只有 15 个人推倒了以前布置的逃生墙，得以逃出生天。

白公馆原是四川军阀白驹的别墅，也叫『香山别墅』，1939年国民党军统局将这里改为监狱。白公馆里最让人心酸的牺牲者就是『小萝卜头』，他是杨虎城的秘书——共产党员宋绮云和徐林侠的儿子，名叫宋振中。1941年，宋振中8个月大的时候，他的双亲被国民党秘密逮捕，他也随着进了监狱。牢房中饭食总是发霉的，又阴暗潮湿，宋振中长到七八岁还像四五岁的孩子那么矮小，又因为缺乏营养，头大大的，狱友们都叫他『小萝卜头』。他是监狱中的小通信员，楼上楼下的信息都是他传递的。重庆解放前夕，国民党决定杀害白公馆中的革命者，宋绮云一家三口都牺牲了。后来，宋振中被追认为革命烈士，成为共和国年龄最小的烈士。如今，在白公馆中有一尊小萝卜头托着腮认真思考的雕塑，有人给他戴上了红领巾，这个坚强懂事的孩子的故事感动了每一个去过或没去过白公馆的人。

白公馆

白公馆原是四川军阀白驹的别墅，也叫“香山别墅”，1939 年国民党军统局将这里改为监狱。白公馆里最让人心酸的牺牲者就是“小萝卜头”，他是杨虎城的秘书——共产党员宋绮云和徐林侠的儿子，名叫宋振中。1941 年，宋振中 8 个月大的时候，他的双亲被国民党秘密逮捕，他也随着进了监狱。牢房中饭食总是发霉的，又阴暗潮湿，宋振中长到七八岁还像四五岁的孩子那么矮小，又因为缺乏营养，头大大的，狱友们都叫他“小萝卜头”。他是监狱中的小通信员，楼上楼下的信息都是他传递的。重庆解放前夕，国民党决定杀害白公馆中的革命者，宋绮云一家三口都牺牲了。后来，宋振中被追认为革命烈士，成为共和国年龄最小的烈士。如今，白公馆中有一尊小萝卜头托着腮认真思考的雕塑，有人给他戴上了红领巾，这个坚强懂事的孩子的故事感动了每一个去过或没去过白公馆的人。

从 1949 年 9 月 6 日国民党特务举起屠刀杀害杨虎城一家等人，到 11 月 27 日灭绝人性地用机枪扫射残杀渣滓洞 200 余人，共有 321 人遇难。这些人永远没有机会与新生的中华人民共和国一起迎接真正的黎明，“黎明前的黑暗”吞噬了他们的生命。

据说重庆解放那天，冲到歌乐山准备解救被囚同志的解放军战士见到遍地残骸的惨状，跪地痛哭：“我们来晚了！我们来晚了呀！”许多记者赶到歌乐山却无法下笔，不知道该用什么语言去描述这惨状。《红岩》这本小说是有幸从渣滓洞逃出虎口的罗广斌和杨益言写的，他们将革命烈士们在魔窟中受尽折磨却依然坚定心中信仰，相信黎明终会到来的坚定意志尽付笔下，将狱中的故事讲给后人听。

重庆是红色爱国教育的圣地。这里有红岩革命纪念馆、歌乐山革命纪念馆、《双十协定》的签订地桂园、《新华日报》总馆旧址、陈独秀旧居——石墙院、赵世炎故居等。如果你有机会到这些地方瞻仰，请献上一朵小白花，这不仅是悼念，还是对先烈们纯洁的革命信仰的尊敬。

第二章

重庆风俗

重庆人这样过年

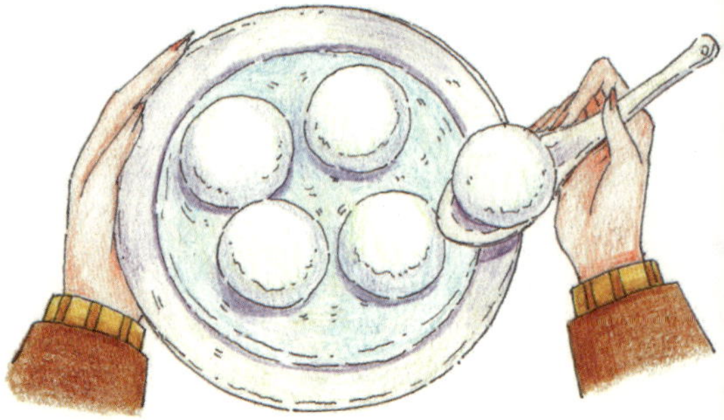

扫阳尘：除尘不仅是为了将霉运赶走，也是对新年新气象的企盼。

年夜饭、守岁：北方人的年夜饭要吃饺子，重庆人则必须吃汤圆，寓意团团圆圆。重庆人守岁时，一家人打打麻将，输赢无所谓，图的是乐和。

大年初一：重庆人初一守在家里不出门。这天不能睡午觉，睡了就要倒霉一年。

大年初二：重庆人初二『走人户』，也就是拜年。初二之后大家要吃『转转饭』，就是亲戚之间轮流请客吃饭。

大年初三：这天，重庆人喜欢相约出去逛，补上平日里因为忙碌而减少的联络。

大年初四：重庆人初四祭财神。

大年初五：重庆人初五这天要『赶五穷』——智穷、学穷、文穷、命穷、交穷。

有了春节，冬天也变得这般热热闹闹，充满人情味儿，令人不再觉得寒冷。

重庆人这样过年

春节，是每个城市共同而又有区别的节日。重庆，是这样过年的。

扫阳尘：小年之后，除夕之前，一次 360 度无死角的卫生大扫除是必做之事。除尘不仅是为了将霉运赶走，也是对新年新气象的企盼。

年夜饭、守岁：北方人的年夜饭要吃饺子，重庆人则必须吃汤圆，寓意团团圆圆。吃汤圆，数量有讲究。对于还在上学的学生，家长会让他们吃 3 颗汤圆，寓意“三步登科”，而上班族要吃 4 颗，寓意“四季平安”。

重庆人守岁时，一家人打打麻将，输赢无所谓，图的是乐和。到了午夜 12 点，大家会将提前准备好的气球踩破，发出类似鞭炮的响声，以示辞旧迎新。

大年初一：重庆人初一守在家里不出门。这天不能睡午觉，重庆人将大年初一的午睡称为“霉睡”，睡了就要倒霉一年。这天也不能扫地、倒垃圾，因为人们认为会扫走家里的财气。大家要说吉利话，预示来年大吉大利。

大年初二：重庆人初二“走人户”，也就是拜年。初二之后大家要吃“转转饭”，就是亲戚之间轮流请客吃饭。

大年初三：这天，重庆人喜欢出去逛。大家约上亲朋好友一起去逛吊脚楼群、逛山城老街、品重庆美食，补上平日里因为忙碌而减少的联络。

大年初四：重庆人初四祭财神。以前，老板想将某人炒鱿鱼，这天就不请他来拜神，对方也就明白了老板的意思，另找活计。

大年初五：重庆人初五这天要“赶五穷”——智穷、学穷、文穷、命穷、交穷。大家一大早就起来放鞭炮，点燃后拖着鞭炮往院外跑，寓意将一切不吉利的东西都赶跑。

如果初五之前大家没拜完年也没关系，因为一直到正月十五都算春节，都可作为拜年的日子。

有了春节，冬天也变得这般热热闹闹，充满人情味儿，令人不再觉得寒冷。

小贴士：

重庆人喜欢春节赏腊梅：

春节期间，腊梅开得最旺，卖腊梅花的人走在大街小巷，使得满城皆春色。重庆人喜欢将腊梅花买回家，插在瓷瓶里，以此迎新春。

腌腊肉：

过去，“小雪”至“立春”前，重庆家家户户都要杀猪宰羊，留足过年用的鲜肉后，就将其余的肉制成腊肉，为年夜饭做准备。

有笑有泪的重庆婚礼

土家族是重庆市人口最多的少数民族，有『哭嫁』的习俗，而且不只新娘自己哭，十里八乡的女孩子都要过来『陪哭』。哭嫁还有唱词：『我的父啊我的母，出嫁才知道父母的苦！』也有陪哭的姐妹即兴作词，如果词太好笑大家会忍不住笑出来，于是婚礼中就有笑有泪了。土家族的女孩懂事以后就要时常『陪哭』，以保证自己结婚的时候可以哭得漂亮。土家族人结婚还要『抢床』，新郎和新娘谁先坐到床沿上，以后谁就当家做主，这跟很多地方婚礼上抢结婚证是同样的含义。

有笑有泪的重庆婚礼

在重庆，结婚既是一件喜事，也是一件值得哭一哭的事。

土家族是重庆市人口最多的少数民族，有“哭嫁”的习俗，而且不只新娘自己哭，十里八乡的女孩子都要过来“陪哭”。哭嫁还有唱词：“我的父啊我的母，出嫁才知道父母的苦！”也有陪哭的姐妹即兴作词，如果词太好笑大家会忍不住笑出来，于是婚礼中就有笑有泪了。土家族的女孩懂事以后就要时常“陪哭”，以保证自己结婚的时候可以哭得漂亮。土家族人结婚还要“抢床”，新郎和新娘谁先坐到床沿上，以后谁就当家做主，这跟很多地方婚礼上抢结婚证是同样的含义。

重庆人办婚礼有很多讲究。新婚前夜，要找一个男童和新郎一起睡在床上，结婚当天却要远离床铺，新郎、新娘和前来观礼的亲属都不能碰床，否则会长病在床，不吉祥；新娘结婚时穿的礼服不能有口袋；新婚 4 个月内，新娘不能再参加别人的婚礼，也不能在外面过夜。这些讲究虽然很繁琐，没有科学依据，但其代表的满是长辈对晚辈婚姻美满的愿望。

重庆很流行中式婚礼，这里就要提一下江津区塘河镇的婚礼习俗了。

“塘河婚俗”始于宋代，因其场面宏大，礼节繁琐，浓缩了西南地区古代婚俗文化而出名。它还是重庆市首批非物质文化遗产之一。传统的塘河婚俗有说媒、做相、开庚、出阁、送亲迎娶、闹房、谢媒等 13 个环节，全程做下来要三天三夜，新郎新娘也会累得瘦上几斤。

总的来说，重庆的汉族婚礼算是中规中矩，重庆的少数民族婚礼花样就多了。比如彝族婚礼，新郎和新娘要在洞房夜“大打出手”，打得四邻皆闻最好，这样日子才红火！

正月里看秀山花灯

秀山花灯是国家级非物质文化遗产。其起源与家喻户晓的传说『狸猫换太子』有关。

秀山花灯经过近千年的演变与发展，表演形式变得多种多样，最常见的有花灯二人转、双花灯、花灯群舞和花灯戏等。除了花灯戏，所有的表演都以一旦一丑两个角色为主，旦角叫幺妹子，丑角叫赖花子。表演的时候，赖花子要踩着『崴步』，手上作『风摆柳』式，围着幺妹子团团转，表现男性对女性的追求。

秀山花灯的演出程序包括：设灯堂、请灯、跳灯和辞灯。请灯要唱《启灯调》，在乡土气息浓厚的调子中，花灯表演开始，直到正月十五月下焚花灯，今年的花灯表演就结束了。

正月里看秀山花灯

每年的正月初二到正月十五，重庆秀山土家族苗族自治县都格外热闹红火，四处灯火辉煌、喜气洋洋，再看到搭起的高台和穿着花花绿绿服装的演员，大家就知道又到了秀山“耍花灯”的日子。

秀山花灯是国家级非物质文化遗产。其起源与家喻户晓的传说“狸猫换太子”有关。

据说宋仁宗赵祯被生母李妃生下后，就被刘妃用狸猫调了包。李妃被打入冷宫，从此每日对着孤灯以泪洗面，导致双目失明。赵祯当上皇帝后得知真相，接回了母亲，却无法治好母亲的眼睛，很是愧疚。听说民间有点花灯祈福能祛病除灾的说法，赵祯就命人在京城点燃3600盏花灯，举办一个花灯大会，并下令各地方带着特产进京朝贡，想让母亲开心。秀山地区有龙、石、张、罗、方等五姓共四五百人一起进京，正赶上此次花灯大会，众人被眼前的花灯照得目眩神迷，走的时候就有人悄悄地摘下两盏带走。皇帝的孝心有没有使李妃复明我们不得而知，花灯却在秀山落地生根了。曾经进过京的龙、石两家如今仍是秀山的花灯世家。

秀山花灯经过近千年的演变与发展，表演形式变得多种多样，最常见的有花灯二人转、双花灯、花灯群舞和花灯戏等。除了花灯戏，所有的表演都以一旦一丑两个角色为主，旦角叫幺妹子，丑角叫赖花子。表演的时候，赖花子要踩着“崴步”，手上作“风摆柳”式，围着幺妹子团团转，表现男性对女性的追求。

秀山花灯的演出程序包括：设灯堂、请灯、跳灯和辞灯。请灯要唱《启灯调》，在乡土气息浓厚的调子中，花灯表演开始，直到正月十五月下焚花灯，今年的花灯表演就结束了。

小贴士：

秀山花灯唱词

启灯调

正月里，
玩花灯，
耍袖筒，
红灯连起一条龙，
姊姐我们二人去玩灯。

豇豆林

要学豇豆成双对，莫学茄子打单身；
要学橘子经霜冻，霜冻的橘子甜透心；
要学海椒红到老，莫学芝麻黑透心。

礼让草把龙

重庆梁平区的礼让镇有一种舞龙绝技与传统的舞龙大不相同，那就是舞草把龙。

草把龙是用稻草扎成龙的形状，在舞动的时候由周围的人往龙身上泼水，草把龙看起来其貌不扬，没有过多的色彩，而且由于稻草比较短，龙身也是一节一节断开的，乍看起来没有其他地方的舞龙喜庆，但舞起来才知道并非如此。因为龙身是断开的，每个舞龙的人动作都更灵活，整条龙看起来就像真的一样，周围的人再泼上水，立时让人有一种蛟龙出海，几欲冲天而去的错觉。

礼让草把龙

舞龙舞狮历来是全国各地庆祝节日或筹办喜事经常上演的节目，色彩鲜艳的龙、狮和表演人员精湛的技术都能博得满堂喝彩。不过，重庆梁平区的礼让镇有一种舞龙绝技与传统的舞龙大不相同，那就是舞草把龙。

传说1000多年以前礼让镇遭遇大旱，连续几年一滴雨没下。百姓苦不堪言，只好请来道士设坛求雨，摆上贡品，又用仅有的稻草扎成龙的形状舞动。道士卖力作法，百姓也虔诚跪拜，也许是众人的诚意感动了上天，忽然一条形似草把的水龙凌空出现，几个翻滚之后，大雨就落了下来。随后，水龙飞向远处，不见踪影。后来，人们在西山脚下发现了两个洞口，分别有凉风和清泉涌出，泉水顺着一条河沟流到川西河。人们认为这是神龙留下的痕迹，就把这条河命名为“龙溪河”。

每年农历四月初八这天，礼让镇会举行祈雨仪式，以祈求一年风调雨顺，五谷丰登，仪式上表演的就是舞草把龙。草把龙是用稻草扎成龙的形状，在舞动的时候由周围的人往龙身上泼水，草把龙看起来其貌不扬，没有过多的色彩，而且由于稻草比较短，龙身也是一节一节断开的，乍看起来没有其他地方的舞龙喜庆，但舞起来才知道并非如此。因为龙身是断开的，每个舞龙的人动作都更灵活，整条龙看起来就像真的一样，周围的人再泼上水，立时让人有一种蛟龙出海，几欲冲天而去的错觉。祈雨仪式结束后，人们会为草把龙设坛供奉3年，3年后换上新的草把龙，烧掉原来的草把龙，把“龙灰”撒向“龙溪河”，寓意送龙归大海。

于是，舞草把龙祈雨的民俗就这样诞生在礼让镇，并延续了千年。

巴人跳舞是为了提高战斗力

巴人跳舞多用于战事，称『巴渝舞』。巴渝舞作为战前舞能鼓舞士气，更可以训练战士们动作整齐划一，进一步提高战斗力。

巴人军队之所以强悍，除了巴人身体素质强健之外，更主要的是巴人作战时配合默契，动作既统一有力，又敏捷灵活，其中就有『巴渝舞』的功劳。

智慧的巴人开始摸索以舞蹈代替训练的方式。在巴人舞中，『集体挥舞手臂』的动作是训练挥刀，这是为了以多打少时能够一击制胜，不给对方喘息的机会；『几人彼此嬉闹』的动作往往是训练默契，在以少打多的时候能够守望相助。因此，巴人舞粗犷彪悍，饱含舞蹈艺术之美的同时，也不缺少杀伐英武之气。

巴人跳舞是为了提高战斗力

舞蹈是人类最古老的艺术形式之一，关于舞蹈的起源，最普遍的说法有两种：一是战舞，二是祭舞。古老的巴族人就擅长舞蹈，巴人跳舞多用于战事，称“巴渝舞”。巴渝舞作为战前舞能鼓舞士气，更可以训练战士们动作整齐划一，进一步提高战斗力。

巴人自古勇猛善战，沙场之上更是以一当十。昔日无论是武王伐纣，还是秦始皇横扫列国，抑或是后来汉高祖刘邦统一立汉，巴人军队都是作战先锋。巴人军队之所以强悍，除了巴人身体素质强健之外，更主要的是巴人作战时配合默契，动作既统一有力，又敏捷灵活，其中就有“巴渝舞”的功劳。据说巴人在作战时发现：以多打少时，若分开进攻，敌人则可分开抵挡或者寻找空隙闪躲逃避；相反，以少打多时，只要己方分工明确、配合默契，往往就能以少胜多。可是军旅生活本就枯燥，战士们对僵硬的训练早已深感乏味。由此，智慧的巴人开始摸索以舞蹈代替训练的方式。在巴人舞中，“集体挥舞手臂”的动作是训练挥刀，这是为了以多打少时能够一击制胜，不给对方喘息的机会；“几人彼此嬉闹”的动作往往是训练默契，在以少打多的时候能够守望相助。因此，巴人舞粗犷彪悍，饱含舞蹈艺术之美的同时，也不缺少杀伐英武之气。

据说土家族正是巴族人的后裔，其擅长的“摆手舞”和在网络上流传的舞蹈《山猎》都是巴渝舞传承的体现。若是身临重庆，你不妨找机会感受一下巴族人这种特殊的舞蹈艺术。

千年绝响川江号子

船工是最苦的一群人，在船上时要劳动，过险滩时就被赶下船，把竹索搓成的长长的纤绳捆在腰上便成了纤夫。他们身无寸缕，因为滩上的石头会刮坏衣服；他们赤足前进，因为鞋子无法抓地，容易滑倒。他们在号头的带领下，踩着尖利的碎石艰难前进。狭窄而陡峭的岩壁之间常常回荡着船工们雄壮有力的号子声。

随着机器船的普及，纤夫渐渐消失，川江号子也几乎成为绝响，只有船工间还有流传。1987年，法国阿维尼翁艺术节『世界大河歌会』上，老船工陈邦贵和同伴们演唱的川江号子震惊了全场，一个法国姑娘听得热血沸腾，演唱结束后激动地上台给了老船工一个热烈的拥抱，体现了外国友人对川江号子的赞叹和喜爱之情。

千年绝响川江号子

有人看过《伏尔加河上的纤夫》，称赞这幅画意蕴深沉，而起源于川江流域、可以媲美《伏尔加河船夫曲》的川江号子，高亢激昂，震撼人心，被传唱千年，经久不衰。

川江流域险滩众多，从重庆到湖北宜昌一段 60 公里的航道上，就有险滩 300 多处。在没有机器船的时代，木船要过这些险滩，必须依靠船工和纤夫的力量，而川江号子就是一种用于统一动作和节奏，由号工领唱，众船工合唱的民歌形式。在广泛的传唱和改良后，川江号子诞生了众多曲目，比如，船下水要唱《二流摇橹号子》《龙船号子》，闯滩时要唱《鸡啄米号子》《懒大桡号子》，过险滩时，要唱《绞船号子》《交加号子》等。

船工是最苦的一群人，他们在船上时要劳动，过险滩时就被赶下船，把竹索搓成的长长的纤绳捆在腰上便成了纤夫。他们身无寸缕，因为滩上的石头会剐坏衣服；他们赤足前进，因为鞋子无法抓地，容易滑倒。他们在号头的带领下，踩着尖利的碎石艰难前进。狭窄而陡峭的岩壁之间常常回荡着船工们雄壮有力的号子声。

随着机器船的普及，纤夫渐渐消失，川江号子也几乎成为绝响，只有船工间还有流传。1987 年，法国阿维尼翁艺术节“世界大河歌会”上，老船工陈邦贵和同伴们演唱的川江号子震惊了全场，一个法国姑娘听得热血沸腾，演唱结束后激动地上台给了老船工一个热烈的拥抱，体现了外国友人对川江号子的赞叹和喜爱之情。

现在，川江号子已经成为国家级非物质文化遗产，如有幸听老船工唱一曲，定能感受到跨越时代的别样激情。

小贴士：

川江号子选句

“一声号子我一身汗，一声号子我一身胆。”

“这山高来那山高，大浪打来摇几摇，山歌不唱心不开哟，号子一声水涨潮……”

“川江工人放声唱，川江啊两岸好风光，滔滔的江悠悠的河，巫山云雨哟也含情。”

第三章

重庆景致

意在空灵的老巴渝十二景

云篆风清

金碧流香

从重庆地标解放碑起，沿着邹容路步行至人民公园，这里在过去是著名的金碧山。很多人以为『流香』二字是指花开满山，香气怡人，非也，此处的香乃『书香』『墨香』。据考证，当年金碧山是全城制高点，其下就是重庆府衙，包括王尔鉴等无数名士时常来此登高望远、俯瞰全城、饮酒作诗……妙就妙在每当清风徐来时，文士心中自我陶醉的一缕『清芬』。

云篆风清

巴南云篆山自古闻名于蜀中。据说，游人登山后聆听清风穿林之声仿佛宫廷奏乐，风吹肌肤之感仿佛薄纱拂面。

金碧流香

意在空灵的老巴渝十二景

重庆号称“山城”，同时依傍着长江水系，山川林立，江水环绕，自然美景在城内城外数不胜数。若是细数起来，“巴渝十二景”在当地可谓家喻户晓，但是很少有人知道，这“十二景”最早出自清代乾隆年间，而且总结“十二景”的人并非重庆本地人。

为避免官员借乡土势力谋私，清代朝廷规定“文官不得在本籍任职”。乾隆年间担任巴县知县的是一个名为王尔鉴的外地人。王尔鉴在巴县任职期间，注重发展文化事业，倾全力编写了第一部《巴县志》，“巴渝十二景”就是其中的重要内容之一。

金碧流香

从重庆地标解放碑起，沿着邹容路步行至人民公园，这里在过去是著名的金碧山。很多人以为“流香”二字是指花开满山，香气怡人，非也，此处的“香”乃“书香”“墨香”。据考证，当年金碧山是全城制高点，其下就是重庆府衙，包括王尔鉴等无数名士时常来此登高望远、俯瞰全城、饮酒作诗……妙就妙在每当清风徐来时，文士心中自我陶醉的一缕“清芬”。

桶井峡猿

如今渝北区统景风景区集峡、洞、河、泉等多种景观于一处，又因状似圆桶，游人置身其中如坐井观天，故而古时名为“桶井”。更有趣的是其中曾生活着无数猴子，每遇游人至此，便上前偷抢食物，让人哭笑不得。

云篆风清

巴南云篆山自古闻名于蜀中。据说，游人登山后聆听清风穿林之声仿佛宫廷奏乐，风吹肌肤之感仿佛薄纱拂面。

海棠烟雨

海棠溪位于南岸区，因两岸种植海棠而得名。据说此处有两种时刻最美：一是月色朦胧时，隔岸观赏，烟云缭绕，似真似幻；二是细雨之后，“雨后海棠”之美使人流连忘返。因此，无数文人墨客常在此曲水流觞，吟诗作对。如今溪水两旁的路也被命名为“烟雨路”和“晓月路”，更有“烟雨晓月海棠溪”之称。

华蓥雪霁

华蓥山绵亘川渝四区县交界之处，山势起伏，松柏苍翠，每年雪后之景更使人震撼，雪后初晴名曰“霁”，华蓥雪霁之景最是美不胜收。

洪崖滴翠

洪崖洞可谓是重庆必去的景点之一，据说其中有数篇苏轼、黄庭坚题刻的诗篇，引无数后世学者前往。而洪崖洞四周立壁千仞，植被苍翠欲滴更是别样美景。

细心之人不难发现，老巴渝十二景大多重意不重形。据考证，当年王尔鉴的评选标准就是『其趣在月露风云之外，其秀孕高深人物之奇』。可惜的是，老十二景很多已是沧海桑田，如今重庆，与时俱进的『新十二景』早已登上舞台。

龙门浩月

长江之水过海棠溪后，被南岸一排石梁分为内外两股江流，此间形如龙门，故而南宋时有人在水中两块巨石上分别刻“龙”“门”二字。古时皓月当空，无数渔船点起烛灯，仿佛是千万鲤鱼冲着皓月游来，欲以跳跃龙门。因而文人墨客将此景称为“龙门浩月”。

黄葛晚渡

夕阳西下，数人在渡口争渡。晚霞穿不过浓密的黄葛枝叶，黄葛挡不住一心回家的人们。此情此景，不禁让无数游子感怀，这就是“黄葛晚渡”的魅力。

歌乐灵音

歌乐山顶峰的云顶寺，寺中大殿屋檐上有 12 个铜铃，风一吹，铃声清脆，似是梵音，又犹如仙乐，动听之极。

洪崖滴翠

洪崖洞可谓是重庆必去的景点之一，据说其中有数篇苏轼、黄庭坚题刻的诗篇，引无数后世学者前往。而洪崖洞四周立壁千仞，植被苍翠欲滴更是别样美景。

字水宵灯

长江、嘉陵江蜿蜒交汇，形同“巴”字篆体，因此有“字水”之称。重庆华灯夜景与两江相映，故而名曰“字水宵灯”。

缙岭云霞

缙云山位于嘉陵江温塘峡岸边，山上多有奇景。最为出名的是徘徊在山岭之中的云雾多为红色，由于《说文解字》中记载“霞，赤云气也”，故而有“缙岭云霞”之称。

佛图夜雨

相传古时佛图关迎庆门内有一寺院，寺院门前立有一块奇石。每到下雨之时，奇石滴水不沾，然而每逢明月当空的夜晚，奇石便会渗出水滴，地气蒸腾。因此，“佛图夜雨”并非真雨。

细心之人不难发现，老巴渝十二景大多重意不重形。据考证，当年王尔鉴的评选标准就是“其趣在月露风云之外，其秀孕高深人物之奇”。可惜的是，老十二景很多已是沧海桑田，如今重庆与时俱进的“新十二景”早已登上舞台。

小贴士：

新巴渝十二景	
缙岭云霞	统景峡猿
北泉温泳	南塘溪趣
独钓中原	歌乐灵音
大足石刻	山城灯海
四面飞瀑	长湖浪屿
南山醉花	朝天汇流

注：1990 年重庆市第十一届人大第十三次会议通过。

九开八闭，老重庆的十七门

朝天门，大码头，迎官接圣(开)

朝天门位于长江与嘉陵江的交汇之处，面朝江水，气势宏伟，更是17座城门中规模最大的一座，号称『众门之首』，是历代官员迎接天子圣旨的地方。

东水门，四方古井，鱼跃龙门(开)

老重庆的正东门东水门，也是城内尚存的古老城门之一。传说，门内的一口古井，正是鲤鱼跃龙门的出口，而这东门即是龙门，一旦跃过便可飞入江中摇身成龙。

通远门，锣鼓响，看埋死人(开)

出了通远门一路向西就是佛图关，是重庆与成都之间的交通要道。然而，此门也是送亡人入土的必经之地。

东水门

九开八闭，老重庆的十七门

重庆不仅是一座历史文化名城，自古以来更是兵家必争之地。古时为将重庆建得固若金汤，同时又方便百姓出入，城门的选址和建造很是考究。据记载，古重庆共 17 座城门，不仅地理位置优越，而且在建造时还应九宫、八卦之象，顺“相生相克”风水之理。后虽因火灾关闭了 8 座城门，却意外为城门增添了些许谈资，这就是老重庆人都熟知的“九开八闭十七门”。

朝天门，大码头，迎官接圣（开）

朝天门位于长江与嘉陵江的交汇之处，面朝江水，气势宏伟，更是 17 座城门中规模最大的一座，号称“众门之首”，是历代官员迎接天子圣旨的地方。

翠微门，挂彩缎，五色鲜明（闭）

据专家考证，翠微门位于今日陕西街与新华路的交会处。明清时期，陕西商人聚集于此，街上商号林立，十分热闹，各家店面披挂彩带犹如招牌，图的是引人注目、买卖兴隆。

东水门，四方古井，鱼跃龙门（开）

老重庆的正东门东水门，也是城内尚存的古老城门之一。传说，门内的一口古井，正是鲤鱼跃龙门的出口，而这东门即是龙门，一旦跃过便可飞入江中摇身成龙。

太安门，太平仓，积谷利民（闭）

太安门自身无太大特色，但门内多为官家府署，城隍庙、县文庙等都在其中。尤其是昔日门内的太平仓，据说是重庆第一粮仓，积存的粮食专为百姓灾年度日所用。

太平门，老鼓楼，时辰报准（开）

太平门内鼓楼旧时也司“暮鼓晨钟”的报时之责。官邸衙府大多在此门之中，是全城政治中心。或许，无论哪个朝代，天下太平都是官、民最希望的。

人和门，火炮响，总爷出巡（闭）

“天时不如地利，地利不如人和”，清代重庆总兵出巡皆从此门而出。“天时”有人推算，“地利”有人谋划，因此总兵唯一希望的就是再占“人和”之利，以期旗开得胜。

储奇门，药材帮，医治百病（开）

储奇门内多为药材生意。“储奇”二字，据说暗喻此门中储备着各种珍奇

通远门

朝天门，大码头，迎官接圣（开）

翠微门，挂彩缎，五色鲜明（闭）

东水门，四方古井，鱼跃龙门（开）

太安门，太平仓，积谷利民（闭）

太平门，老鼓楼，时辰报准（开）

人和门，火炮响，总爷出巡（闭）

储奇门，药材帮，医治百病（开）

金紫门，恰对着，镇台衙门（开）

凤凰门，川道拐，牛羊成群（闭）

南纪门，菜篮子，涌出涌进（开）

金汤门，木棺材，大小齐整（闭）

通远门，锣鼓响，看埋死人（开）

定远门，较场坝，舞刀弄棍（闭）

临江门，粪码头，肥田有本（开）

洪崖门，广开船，杀鸡敬神（闭）

千厮门，花包子，白雪如银（开）

福兴门，遛快马，快如腾云（闭）

药材。且不说人参、鹿茸、灵芝等耳熟能详的名药，就是鹿活草、优昙仙花等传说中的奇药都能在此找到。

金紫门，恰对着，镇台衙门（开）

相传金紫门附近是各个朝代重庆金库的所在，故有“金紫门”之名，据说也是由百姓口中的“金子门”雅化而得。

凤凰门，川道拐，牛羊成群（闭）

凤凰门内川道拐是老重庆著名的牲口屠宰场。因此，别看号称“牛羊成群”，其实此处是牛羊等牲口的阎罗殿。

南纪门，菜篮子，涌出涌进（开）

南纪门重庆最靠近长江上游的城门，据说古时城门外良田千顷，是种植蔬菜的最佳之地。

金汤门，木棺材，大小齐整（闭）

金汤门取“固若金汤”之意。但此门内在旧时却是重庆棺材铺一条街，号称重庆唯一听不到“欢迎再来”的生意场所。

通远门，锣鼓响，看埋死人（开）

出了通远门一路向西就是佛图关，是重庆与成都之间的交通要道。然而，此门也是送亡人入土的必经之地。

定远门，较场坝，舞刀弄棍（闭）

巴人勇猛尚武，重庆自然需要一个给习武之人舞枪弄棒、一较高下的地方。定远门内的校场也是昔日重庆非常热闹的地方。

临江门，粪码头，肥田有本（开）

临江门虽离嘉陵江较远，而且还是城内“走粪”的码头，但物尽其用，此处不远也是重庆最肥沃的一片田地。

洪崖门，广开船，杀鸡敬神（闭）

洪崖门修筑于高崖石壁之上，起初多用于祭祀，直到明代修筑了石头城，之后此门形同虚设。

千厮门，花包子，白雪如银（开）

千厮门内的棉花街，因清代此处是棉纱的集散地和码头而得名，每日来来往往的白色棉纱，如雪般耀眼。

福兴门，遛快马，快如腾云（闭）

福兴门又称“西水门”，这一代地势平坦，居民不多，古时富贵者常在此赛马。

老重庆 17 门，以朝天门为起点，顺时针排列下来，基本是开闭相间，俯视而看，别有一番气势和趣味。虽然如今很多城门已成往事，却记录了老重庆曾经不一样的风采。

十八梯：连接『旧』与『新』的城市遗存

十八梯是重庆真正的老街，古老的石阶、破旧的房屋、沿街摊贩的叫卖声……这条巷子连接着上下半城，在当地无人不知。很多老人更将这里说成是从『活着』走向『活好』的必经之路。

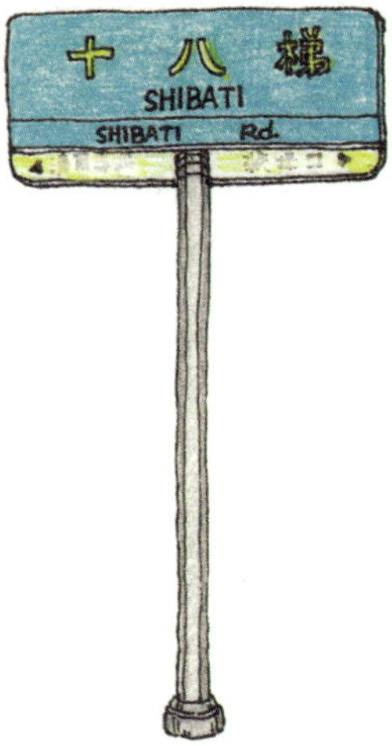

有人就说：在下半城只是活着，走到上半城才算是活好，但走急了容易摔跟头，因此才有了这十八梯。

十八梯于2017年5月开工重建，2021年9月30日建成开放。重庆如今已是享誉世界的大都市，十八梯依然是重庆一景，不少人慕名来走一遭。当你感觉累，可以休息，但不要止步，因为此时正在走上坡路。

十八梯：连接“旧”与“新”的城市遗存

十八梯是重庆真正的老街，古老的石阶、破旧的房屋、沿街摊贩的叫卖声……这条巷子连接着上下半城，在当地无人不知。很多老人更将这里说成是从“活着”走向“活好”的必经之路。

重庆依山建城，位于两江交汇之处，由于码头之便，主城最早的繁华区是沿着长江北岸排布开来的。而最初的十八梯，仅是上下半城互通的一条山路。时光流逝，重庆人口增加，官宦富商为了彰显身份，慢慢迁离江岸，到上半城建宅筑院，重庆繁华之势也开始转移到上半城。人们自十八梯两侧搭建住房，上下半城之间由此交换钱物，整条巷子也成为昔日著名的商业街，而“棒棒”更是成为此处最早的特色。十八梯有200多级石阶，连“棒棒”们也做不到一口气上下，更何况是普通人，可见当地民谚“上半城，下半城，上下半城腿累疼”并非虚言。后来为了休息，人们在其中修建了十八个石台，成为如今十八梯的样子。旧时重庆上半城新且繁华，下半城旧且萧条，有人就说：在下半城只是活着，走到上半城才算是活好，但走急了容易摔跟头，因此才有了这十八梯。

十八梯于2017年5月开工重建，2021年9月30日建成开放。重庆如今已是享誉世界的大都市，十八梯依然是重庆一景，不少人慕名来走一遭。当你感觉累，可以休息，但不要止步，因为此时正在走上坡路。

小贴士：

十八梯的由来

明朝时这里有一口老井，距离居民的住处正好有十八级石梯，因而这里被称作“十八梯”。清朝时，这里又修筑了石梯小路，阶梯也刚好分为十八段。

白帝城中白帝庙，白帝庙里无白帝

公元25年，东汉光武帝刘秀称帝，打算统一全国。公孙述为鼓舞士气、守住地盘，也准备称帝。他见瞿塘峡口地势险要，易守难攻，便在这里扩建城池，屯兵防守。其间，公孙述听说这里有口井，井中往外冒白气，那白气曲曲折折，好似白龙冲霄，心中大喜，便对外宣称这是『白龙出井』，是上天暗示大家，他就是真龙天子。然后公孙述就在此建都，自称『白帝』，将所建城池取名『白帝城』。

白帝庙在明朝之前一直是供奉白帝公孙述的。直到公元1513年，四川巡抚林俊认为公孙述是个叛逆者，不能立庙祭祀，就将公孙述的塑像毁掉，另立江神、土地神和汉伏波将军马援像祭祀，并将白帝庙改称『三功祠』。后来有人觉得，三国时，刘备伐吴失败后，曾退守白帝城，还『白帝城托孤』，因此祭祀刘备、诸葛亮更好。于是公元1533年，刘备、诸葛亮又成了白帝庙里的祭祀对象，白帝庙也被改为『义正祠』。后来人们又增供关羽、张飞像，遂形成了今日白帝庙里无白帝，而是蜀汉人物的样子。

白帝城中白帝庙，白帝庙里无白帝

“朝辞白帝彩云间，千里江陵一日还”是李白《早发白帝城》中的诗句。这里的“白帝”指的就是白帝城。白帝城因为白帝公孙述而得名，只不过，白帝城里当时为了纪念这位白帝的白帝庙中，现在已经没有“白帝”了。

西汉末年，王莽篡位，他手下的大将公孙述担任导江（即原蜀郡）卒正（太守）。公元23年，王莽被起义军杀死，公孙述见王莽政权崩溃，就想占据蜀中。

公元25年，东汉光武帝刘秀称帝，打算统一全国。公孙述为鼓舞士气、守住地盘，也准备称帝。他见瞿塘峡口地势险要，易守难攻，便在这里扩建城池，屯兵防守。其间，公孙述听说这里有口井，井中往外冒白气，那白气曲曲折折，好似白龙冲霄，心中大喜，便对外宣称这是“白龙出井”，是上天暗示大家，他就是真龙天子。然后公孙述就在此建都，自称“白帝”，将所建城池取名“白帝城”。

公元36年，刘秀攻入四川，公孙述战死，白帝城也被毁于战火。公孙述在位期间，天下各地战乱频繁，白帝城一带却相对安宁，当地人很感激公孙述，于是就建了“白帝庙”祭祀他。

白帝庙在明朝之前一直是供奉白帝公孙述的。直到公元1513年，四川巡抚林俊认为公孙述是个叛逆者，不能立庙祭祀，就将公孙述的塑像毁掉，另立江神、土地神和汉伏波将军马援像祭祀，并将白帝庙改称“三功祠”。后来有人觉得，三国时，刘备伐吴失败后，曾退守白帝城，还“白帝城托孤”，因此祭祀刘备、诸葛亮更好。于是公元1533年，刘备、诸葛亮又成了白帝庙里的祭祀对象，白帝庙也被改为“义正祠”。后来人们又增供关羽、张飞像，遂形成了今日白帝庙里无白帝，而是蜀汉人物的样子。

小贴士：

“诗城”白帝城

白帝城位于瞿塘峡口，雄踞水陆要津，扼三峡之门户，是历代兵家必争之地。除了军事优势，白帝城的风景也让人流连忘返。著名诗人李白、杜甫、白居易、苏轼、陆游等都曾登城赏景，而且留下不少诗篇，因此白帝城又有“诗城”之称。

早发白帝城

朝辞白帝彩云间，千里江陵一日还。
两岸猿声啼不住，轻舟已过万重山。

鬼城丰都和桃花源，一个『地狱』，一个『天堂』

丰都之所以成为『鬼城』，有很多种说法。流传最广的当数这个版本：传说汉朝时，有两位方士，一位叫阴长生，一位叫王方平，他们因不满社会现状，先后来丰都修炼，后成仙而去。至唐代，人们将『阴』『王』两姓联缀，渐渐地讹传成了『阴王』，丰都也就被传为『阴王』所居之地，然后成了阴曹地府和鬼都了。

与丰都到处是让人害怕的建筑不同，酉阳桃花源则是一片温柔美好的景象。酉阳桃花源有一座高、宽均约30米的石灰岩溶洞，洞口有漂满桃花花瓣的溪水流出，循水入洞，眼前豁然开朗，土地平旷，屋舍俨然，与陶渊明在《桃花源记》中描述的『世外桃源』极其吻合。难怪有人说，世界上有两个桃花源，一个在心中，一个在重庆酉阳。

鬼城丰都和桃花源，一个“地狱”，一个“天堂”

重庆美景很多，但众多美景中有两处因为“虚无”而显得特别，那就是丰都和酉阳桃花源。它们一个被称为“鬼城”，一个被称为“天堂”。

提起丰都县，人们习惯在后面加个“鬼城”，它也被称为“幽都”“鬼国京都”，传说这里是人死后的灵魂归宿地。传说人死后，灵魂走上黄泉路，过望乡台、恶狗岭、金鸡山、野鬼村、迷魂殿，喝下让人不能说假话的迷魂汤，才能到酆都接受阎王爷的拷问。丰都鬼城就依照传说建了各种阴曹地府的建筑，其中尤以鬼门关、黄泉路、望乡台、天子殿、十八层地狱等建筑出名。倘若有兴趣，你可以去丰都来个“阴曹地府一日游”。

丰都之所以成为“鬼城”，有很多种说法。流传最广的当数这个版本：传说汉朝时，有两位方士，一位叫阴长生，一位叫王方平，他们因不满社会现状，先后来丰都修炼，后成仙而去。至唐代，人们将“阴”“王”两姓联缀，渐渐地讹传成了“阴王”，丰都也就被传为“阴王”所居之地，然后成了阴曹地府和鬼都了。

与丰都到处是让人害怕的建筑不同，酉阳桃花源则是一片温柔美好的景象。酉阳桃花源有一座高、宽均约 30 米的石灰岩溶洞，洞口有漂满桃花花瓣的溪水流出，循水入洞，眼前豁然开朗，土地平旷，屋舍俨然，与陶渊明在《桃花源记》中描述的“世外桃源”极其吻合。难怪有人说，世界上有两个桃花源，一个在心中，一个在重庆酉阳。

小时候上语文课，我们读陶渊明的《桃花源记》，读着读着就会发呆跑神，好像灵魂出窍，去了自己想象中的桃花源。而今这世上真的有这么一处桃花源。何不暂且放下纷扰思绪，前去一看。

山城重庆多名山

鹅岭

鹅岭

鹅岭又叫鹅项岭，地处渝中半岛最窄处，形似鹅颈，故而得名。

枇杷山

关于枇杷山名字的由来，有好几个版本。有人说，此山是因为早年山上有很多野生枇杷树而得名；也有人说，这山的形状好像一把琵琶，原本叫琵琶山，但是琵琶只能奏乐，重庆人有耳福却无口福，而枇杷好看又好吃，能饱眼福和口福，因此将其改称枇杷山，以示山有大用。

枇杷

山城重庆多名山

山地面积约占重庆市总面积的76%。不仅如此，将重庆地图逆时针旋转 135 度左右你会发现，重庆地图竟然就是一个巨大的“山”字，可见重庆“山城”之名，名副其实。众山之中，不乏名山。这些山不但耐看，而且耐“读”。

鹅岭

鹅岭又叫鹅项岭，地处渝中半岛最窄处，形似鹅颈，故而得名。

除嘉陵江和长江交汇处，鹅岭是两江距离最近的地方，地理位置独特，风景秀美。这样独特的位置被蜀汉中都护李严看中，相传他曾想于此凿穿高崖，连通两江，然而由于诸葛亮的阻止没能实现。后来，清末富商李耀庭羡鹅岭之奇美，斥巨资在此建造了重庆礼园。

枇杷山

关于枇杷山名字的由来，有好几个版本。有人说，此山是因为早年山上有很多野生枇杷树而得名；也有人说，这山的形状好像一把琵琶，原本叫琵琶山，但是琵琶只能奏乐，重庆人有耳福却无口福，而枇杷好看又好吃，能饱眼福和口福，因此将其改称枇杷山，以示山有大用。

枇杷山的确有大用。山上多树，对重庆市区绿化起了大作用；山中的公园为人口稠密的市中心提供了一块绿色宝地；而作为城区制高点，这里还是观赏山城夜景的好去处。

南山

南山不是一座山，而是一片山。这里有植物园，春天宜赏花，夏天可避暑；这里还有一座抗战遗址博物馆和众多民国建筑。

南山

歌乐山

歌乐山因大禹治水，召众宾歌乐于此的传说而得名。传说无人知真假，但歌乐山中的歌乐灵音却是古巴渝十二景之一。

歌乐山

南山

南山不是一座山，而是一片山。这里有植物园，春天宜赏花，夏天可避暑；这里还有一座抗战遗址博物馆和众多民国建筑，是历史爱好者的必去之地；相传南山中的涂山是大禹娶涂山氏之地，重庆人对大禹这个女婿十分满意，在涂山上建了禹王庙以祭祀大禹，因此这里还是寻访传说的好去处；到了晚上，游人站在一棵树观景台上，可以俯瞰渝中半岛、南岸区的灯火和这些灯火倒映在嘉陵江、长江交汇处的彩影，感受重庆作为“小香港”的风采。

歌乐山

歌乐山因大禹治水，召众宾歌乐于此的传说而得名。传说无人知真假，但歌乐山中的歌乐灵音却是古巴渝十二景之一。所谓歌乐灵音，就是风穿过山林的声音。微风时，鸣音飒飒；大风起，则似涛声大波；要是遇上暴风骤雨，则风松齐鸣。众人闻灵音歌起，乐于山中，也算是歌乐山的特点吧。

歌乐山植被茂密，有“渝西第一峰，山城绿宝石”的美称。这里还有白公馆、渣滓洞监狱，小说《红岩》的故事发生地就在歌乐山。除此之外，若你玩累了一定要尝尝香辣脆爽的歌乐山辣子鸡。

照母山

照母山的名字跟南宋状元冯时行有关。

冯时行是南宋的状元郎，因遭秦桧陷害而被贬至黎州（今四川境内）为官。冯时行带着母亲和妻子前去赴任，在经过一座山的时候，母亲身患重病，不能受颠簸，冯时行便在此结庐暂居。然而 3 个月过去了，母亲的病没有丝毫好转。妻子深知他皇命在身，不能久留，就劝其赴任，自己留下来照顾母亲。冯时行被妻子的深明大义感动，便将山上这处住所取名“照

缙云山

缙云山常年云雾缭绕，气象万千。这些云雾，经常呈现出五彩缤纷的奇观。古人以『赤多白少』为『缙』，此山就被称为缙云山。

金佛山

每当夕阳西下，落日斜晖就将金佛山染得光彩夺目，使得这山如同一尊金身大佛放射出万道霞光，这就是金佛山名字的来历。

巫山

作为重庆东大门的巫山，不仅地理位置险要，风景美丽，而且充满神话色彩。此地最著名的故事当数『巫山十二峰』。

母山庄”。冯时行的母亲去世后，冯妻在墓地守孝3年。宋高宗恩准冯时行回乡守孝后，冯时行又在墓地守孝3年。当地人感念他和妻子的孝心，遂将此山称为照母山。

缙云山

缙云山常年云雾缭绕，气象万千。这些云雾，经常呈现出五彩缤纷的奇观。古人以“赤多白少”为“缙”，此山就被称为缙云山。传说这五彩绯云是因为黄帝曾在此修仙炼丹，丹成之时，周边一片红光，将天上的白云也染成红色了。缙云山与四川青城山、峨眉山并称“蜀中三大宗教名山”。不仅如此，这里还有个备受文人喜爱的温泉寺。王维、杜甫、李商隐、周敦颐、老舍等人都曾在此驻足，并留下名作佳篇。

金佛山

每当夕阳西下，落日斜晖就将金佛山染得光彩夺目，使得这山如同一尊金身大佛放射出万道霞光，这就是金佛山名字的来历。金佛山景色秀丽，与峨眉山、青城山、剑门关并称“蜀中四大名山”，绝对是重庆山中“大咖”。因山中珍奇植被无数，此山还有“天然植物陈列馆”和“东方的阿尔卑斯山”之称。山上有6种奇葩杜鹃，即使你走遍全世界，也只有在金佛山才能看到。

巫山

作为重庆东大门的巫山，不仅地理位置险要，风景美丽，而且充满神话色彩。此地最著名的故事当数“巫山十二峰”。

相传西王母有个叫瑶姬的女儿，她善良美丽又活泼。瑶姬长大后，耐不住天庭寂寞，就和身边的11个姐妹偷偷下凡，巡游人间。当她们来到巫山的时候，正看见此地有12条恶龙兴风作浪，正在治水的大禹被洪水困在其

四面山

当地有句话：『四面山，四面山，四面都是山！东面是达官岩，南面是八瓜尖，西面是笔架山，北面是恒达山。』四面山就是因此得名。

石笋山

石笋山是个寻宝的好去处。在20世纪80年代末，很多当地居民和游客曾在石笋山的溪流中拾到蓝宝石、红宝石。

照母山

照母山的名字跟南宋状元冯时行有关。

四面山

间。瑶姬对大禹四处治水的行为十分敬佩，便送给大禹一本治水天书帮他治水。但瑶姬还没来得及帮大禹破译，就与众姐妹一起被西王母派来的天兵捉回了天庭。但这 12 位仙女早就厌倦了天庭单调的生活，于是想办法回到人间，帮助大禹解除了水患，为当地斩妖除魔，兴云布雨，并化成了 12 座奇秀绝美的峰峦耸立在巫峡两岸。

四面山

当地有句话：“四面山，四面山，四面都是山！东面是达官岩，南面是八爪尖，西面是笔架山，北面是恒达山。”四面山就是因此得名。四面山景点众多，最著名的当数望乡台瀑布、“天下第一心”和爱情天梯。

四面山因为奇特的地貌形成了多处形态各异的瀑布。其中望乡台瀑布落差达 158 米，比著名的黄果树瀑布高出几乎一倍，被誉为“华夏第一高瀑”。“天下第一心”则是望乡台瀑布的背景——由丹霞岩壁和周围原始森林的轮廓组成的一个天然心形。为了让它更加美丽，当地人还架设了大型 LED 环保灯。每当夜晚，各种颜色的灯光被投射到瀑布和瀑布背后的岩壁上，如梦如幻，是个求婚的好地方！

石笋山

石笋山是个寻宝的好去处。在 20 世纪 80 年代末，很多当地居民和游客曾在石笋山的溪流中拾到蓝宝石、红宝石。传说这里还是铁拐李得道成仙的地方，并有铁拐李坐化台、饿殍石等景点，一路走来一路故事，游玩起来十分有趣。用“山不在高，有仙则名”来形容石笋山，再恰当不过。

大禹曾在歌乐山纵情高歌

时光荏苒，多年后大禹治水成功，再次来到移来山上时感触良多，于是就邀众人到此山上庆祝。据说天神为了表彰大禹的功绩，还特别派了仙乐队到场奏乐。移来山上的庆祝活动持续了三天三夜，乐曲悠扬，歌声震天，连大禹自己都唱哑了嗓子。之后，为纪念这件事情，更为庆祝治水成功，百姓将此山更名为『歌乐山』。据说天晴月明之时，人在山上还依稀能听到仙乐回响和高亢的古歌之声。

大禹曾在歌乐山纵情高歌

歌乐山在重庆号称“渝西第一峰，山城绿宝石”，又因白公馆、渣滓洞而被大家熟知。其实，歌乐山本身就自带着许多神秘色彩，在《搜神记》等多部神话典籍中都能找到它的名字。“歌乐”二字，相传是源于大禹在山上纵情高歌以舒心中之乐。

相传歌乐山原名“移来山”，而且山体所在的位置也不是今日的沙坪坝区中部。上古时期大禹治水，采取疏通河道、引水东流的策略。洪水到涂山附近时被另一座山峰阻挡，大禹为疏通河道只能将这座山搬起。正在此时，使者传来渝西发生泥石流的消息，大禹认为这是天意，恰好将此山放到渝西阻挡泥石流。由于是凭空移来的一座山峰，当地人索性就将其命名为“移来山”。时光荏苒，多年后大禹治水成功，再次来到移来山上时感触良多，于是就邀众人到此山上庆祝。据说天神为了表彰大禹的功绩，还特别派了仙乐队到场奏乐。移来山上的庆祝活动持续了三天三夜，乐曲悠扬、歌声震天，连大禹自己都唱哑了嗓子。之后，为纪念这件事情，更为庆祝治水成功，百姓将此山更名为“歌乐山”。据说天晴月明之时，人在山上还依稀能听到仙乐回响和高亢的古歌之声。

虽然神话故事不可考证，但歌乐山上确有美妙之声，那就是风吹松涛的声音。清代周开丰形容这种声音：“天乐传虚梦，真灵奏妙音。”由此可见，歌乐山之美，无论是山、风、松林还是传说故事，皆有其妙。

为你修一座『爱情天梯』

刘国江想帮她，不知从何帮起，又怕被拒绝。一天傍晚，徐朝清背着孩子到河边打木，不小心掉进河里。刘国江闻声赶来，救起了徐朝清母子。之后，他便常常上门帮徐朝清做些体力活。如此4年时间，两人培养出了感情。但徐朝清不仅比刘国江大了10岁，还是个带着孩子的寡妇，村中闲言碎语就多了起来。为了避开这些闲言碎语，他们在1956年8月的一天，私奔到了这与世隔绝的深山，过起了艰苦却又简单幸福的生活。

上山后，为了让徐朝清出行安全，刘国江便在陡峭的山崖中修凿石梯，这一凿就是半个多世纪。刘国江从小伙子凿成老头子，铁钎也凿烂了20把，终于凿出了这6208级的『爱情天梯』。

为你修一座“爱情天梯”

2001年中秋节，一队户外旅行者前往重庆四面山附近的原始森林探险。他们在深山里走了两天两夜后，突然发现一条人工修筑的通向山顶的石梯。大家沿着石梯往上爬，终于爬到山顶，发现了刘国江、徐朝清这对在深山中厮守了半个多世纪的夫妻。

原来，1942年的一天，16岁的徐朝清出嫁到当地高滩村。而此时，6岁的刘国江刚在几天前磕断了门牙。按当地习俗，只要新娘子在掉了门牙的孩子嘴里摸一下，新牙就能长出来。于是，长辈将刘国江带到徐朝清的花轿前，徐朝清将手伸出花轿，将手指放到刘国江的嘴里，刘国江一紧张，竟然吮住了徐朝清的手。徐朝清掀开布帘，小刘国江看见仙女般的新娘子，一下子呆住了。从此，徐朝清的模样就印在了刘国江心中。

10年后，刘国江长成了帅小伙儿，而徐朝清因为丈夫生病去世成了寡妇。婆家说她克夫不管她，她只好自己抚养4个孩子。没吃的，徐朝清就背起娃儿到山上捡些野生菌煮了吃，连3分钱1斤的盐都买不起。刘国江想帮她，不知从何帮起，又怕被拒绝。一天傍晚，徐朝清背着孩子到河边打水，不小心掉进河里，刘国江闻声赶来，救起了徐朝清母子。之后，他便常常上门帮徐朝清做些体力活。如此4年时间，两人培养出了感情。但徐朝清不仅比刘国江大了10岁，还是个带着孩子的寡妇，村中闲言碎语就多了起来。为了避开这些闲言碎语，他们在1956年8月的一天，私奔到了这与世隔绝的深山，过起了艰苦却又简单幸福的生活。

上山后，为了让徐朝清出行安全，刘国江便在陡峭的山崖中修凿石梯，这一凿就是半个多世纪。刘国江从小伙子凿成老头子，铁钎也凿烂了20多把，终于凿出了这6208级的“爱情天梯”。

自带故事的武隆奇观

仙女山和白马山

仙女山有33万亩森林和10万亩天然草原，其青翠秀美绝非一般景点可比。这里不仅是充满南方独特魅力的高山草原，还是南国罕见的林海雪原，被誉为『南国第一牧原』和『东方瑞士』。

天生三桥、天福官驿、龙木峡地缝

天生三桥是亚洲最大的天生桥群。它们纵向排列，平行横跨在羊木河峡谷上，将两岸山体连在一起，形成『三桥夹两坑』的奇观。

龙木峡地缝

天福官驿

自带故事的武隆奇观

武隆，因秀丽的风景而成为全国少有的同时拥有“世界自然遗产地”“国家 5A 级旅游景区”“国家全域旅游示范区”“国家级旅游度假区”4 块金字招牌的地区之一。这里众多神奇的大自然杰作让古人认为，除了神仙，无人能为，因此产生了许多传说。

仙女山和白马山

仙女山有 33 万亩森林和 10 万亩天然草原，其青翠秀美绝非一般景点可比。这里不仅是充满南方独特魅力的高山草原，还是南国罕见的林海雪原，被誉为“南国第一牧原”和“东方瑞士”。

传说远古时期，大海退去之后，武隆这里是一片沙海，寸草不生。一天，一位骑着白马的王子来到这里钻井取水，开荒种树，竟然将这里变成了一个植被茂密、鲜花遍地的好地方。

王母娘娘知道此事后，感到十分惊奇，就派掌灯仙女到人间探查究竟。仙女本就对白马王子的行为十分赞赏，又得到白马王子盛情款待，两人就生了情愫。仙女想留下和白马王子一起经营武隆。王母娘娘知道后勃然大怒，一气之下将两人变成了两座山，然后用玉簪在两山之间划出一条大河。当地人为了纪念掌灯仙女和白马王子，便将两座山命名为“仙女山”和“白马山”。据说每到夜晚，人们时常能听见两山传出呜咽声，因此又将横亘在两山之间的河称为“乌江”。

天生三桥、天福官驿、龙水峡地缝

天生三桥是亚洲最大的天生桥群。它们纵向排列，平行横跨在羊水河峡谷上，将两岸山体连在一起，形成“三桥夹两坑”的奇观。在天龙桥坑底，有条驿道，道旁是座古香古色的四合院，这就是著名的“天福官驿”。天生三桥附

芙蓉江

有一年，天上发生了一件大喜事，王母想设宴庆贺，就让芙蓉花仙酿仙酒。芙蓉花仙的表姐麻子仙姑平日就嫉妒她，听说她奉诏酿仙酒后，想让她出丑，就在酒里做了手脚。待百日期满，众仙齐聚，芙蓉花仙倒上仙酒后，众人一尝，却齐皱眉头。王母娘娘大发雷霆，不问青红皂白，就将芙蓉花仙赶出了天门。

芙蓉花仙抱着仙酒，十分委屈地离开了，在经过武隆上空时，一时大意，竟把仙酒洒到了一座峡谷的江流中。芙蓉花仙正懊恼，却闻到阵阵馨香自峡谷中泛起，再一看，这峡谷中漫江碧透，水中莲开鱼跃，两岸青山巍巍，很是美丽。芙蓉花仙很高兴，决定在此定居。为了使这里更加美丽，她还悄悄回到天庭，拿来天上的芙蓉花种子种在江边。不久，这里就成了芙蓉花的世界。人们为了纪念芙蓉花仙，便将这峡谷中的江流称为『芙蓉江』。

近还有一条龙水峡地缝。从地缝底部往上看，壁立千仞，光线熹微，让人充满畏惧之感。而关于这三处绝妙景点的成因，有这么一个故事——

白马王子将此处变成一个鸟语花香的地方之后，这里被巡游的东海龙王发现了。龙王怕女儿们闷得慌，就在这里建了座行宫，将3个女儿安排到了这里。

有一天，一个叫朱炭匠的小伙子上山砍柴，遇见了龙王的3个女儿。3位龙女见这小伙子英俊有礼貌，勤快又热情，很快就和他成了朋友。一年后，朱炭匠将三姐妹带到村子里玩耍，谁知村中恶霸看中了这三姐妹，想据为己有。恶霸知道她们是神仙后，就将仙怪都害怕的两样东西——苦竹和桐油扔进了龙女住的山洞。

龙女们十分害怕，不敢露面，只能藏进洞中水塘。等朱炭匠将那苦竹和桐油清理得差不多后，她们没有再变回仙女，而是化为巨龙，携着一股巨大的洪水冲了出来。龙女处理了那个恶霸，但是不想给百姓带来灾难，就使地面裂开一条地缝钻了进去，从地下游回东海，这地缝就是龙水峡地缝。

龙女走时，还顺手建了3座大石桥，为的是能让朱炭匠和当地百姓上山砍柴方便。因为她们分别喜欢穿天蓝色、水青色和深黑色的衣裳，所以百姓就将这三座石桥称为天龙桥、青龙桥、黑龙桥。

芙蓉江

有句话叫“芙蓉水美胜九寨沟，风光不减大宁河”。这里山清水秀、崖雄峰奇、峡幽涧深、滩险流急，可谓天然画廊。在这么美的地方流传着一个优美的故事。

有一年，天上发生了一件大喜事，王母想设宴庆贺，就让芙蓉花仙酿仙酒。

芙蓉洞

芙蓉洞

传说，龙王三太子的女儿到天生三桥寻访姑姑们当年居住的山洞，发现了芙蓉洞。她十分喜欢这里，便在这里住下了。龙王三太子的这个女儿喜欢接济穷人，当地人有什么难处，她都会想办法解决。当地人都喜欢她，亲切地叫她小龙女。有一年，当地闹灾荒，很多村民找她借稻谷，说第二年偿还，小龙女爽快地借了，没想到第二年丰收后，有村民竟『借她谷子还她糠』。小龙女十分生气，便闭门不出，也不再接济穷人，而是一心一意地打造洞宫丽景。芙蓉洞就是小龙女的杰作。

芙蓉花仙的表姐麻子仙姑平日就嫉妒她，听说她奉诏酿仙酒后，想让她出丑，就在酒里做了手脚。待百日期满，众仙齐聚，芙蓉花仙倒上仙酒后，众人一尝，却齐皱眉头。王母娘娘大发雷霆，不问青红皂白，就将芙蓉花仙赶出了天门。

芙蓉花仙抱着仙酒，十分委屈地离开了，在经过武隆上空时，一时大意，竟把仙酒洒到了一座峡谷的江流中。芙蓉花仙正懊恼，却闻到阵阵馨香自峡谷中泛起，再一看，这峡谷中漫江碧透，水中莲开鱼跃，两岸青山巍巍，很是美丽。芙蓉花仙很高兴，决定在此定居。为了使这里更加美丽，她还悄悄回到天庭，拿来天上的芙蓉花种子种在江边，不久，这里就成了芙蓉花的世界。人们为了纪念芙蓉花仙，便将这峡谷中的江流称为“芙蓉江”。

芙蓉洞

芙蓉洞是一座形成于 120 多万年前的庞大的石灰岩洞穴，因在芙蓉江边而得名。洞内的“生命之源”“珊瑚瑶池”“巨幕飞瀑”“石花之王”“犬牙晶花”并称芙蓉洞“五绝”，风景美丽绝伦。

传说，龙王三太子的女儿到天生三桥寻访姑姑们当年居住的山洞，发现了芙蓉洞。她十分喜欢这里，便在这里住下了。龙王三太子的这个女儿喜欢接济穷人，当地人有什么难处，她都会想办法解决。当地人都喜欢她，亲切地叫她小龙女。有一年，当地闹灾荒，很多村民找她借稻谷，说第二年偿还，小龙女爽快地借了，没想到第二年丰收后，有村民竟“借她谷子还她糠”。小龙女十分生气，便闭门不出，也不再接济穷人，而是一心一意地打造洞宫丽景。芙蓉洞就是小龙女的杰作。

两江交汇处，有座金竹寺

嘉陵江和长江在重庆朝天门处交汇，然而因为江水含沙量、密度等方面的不同，竟形成一清一浊不相融的『泾渭分明』之景。这神奇的景观给人带来无限遐想。据说，两江交汇处的水面下有一座金竹寺。

传说有一个叫老陈的信差，在成都与重庆之间往来送信。

老陈出朝天门往前，只见一条石阶通往江心，过了这石阶，就是金竹寺。老陈跟着小和尚进了金竹寺，将信交给了长老。长老说：『你送信如此辛苦，应收些报酬才好。』但老陈觉得只是顺路，不要报酬，然后就请小和尚引自己出寺。长老便说：『这寺庙中有很多竹子，既然你不肯收报酬，天色又黑，你就拿根竹竿好探路吧。』老陈觉得也对，就收了一根竹竿。

小和尚将老陈送到朝天门，老陈刚转身准备道谢，却看到眼前的石阶和金竹寺都已不见，而手中的竹竿竟然变成了一根金竹。

两江交汇处，有座金竹寺

嘉陵江和长江在重庆朝天门处交汇，然而因为江水含沙量、密度等方面的不同，竟形成一清一浊不相融的“泾渭分明”之景。这神奇的景观给人带来无限遐想。据说，两江交汇处的水面下有一座金竹寺。

传说有一个叫老陈的信差，在成都与重庆之间往来送信。有一次，老陈从成都出发，一路快马奔向重庆，但由于马出了状况，距重庆还有 20 多里时，天已经黑了，他只得找客栈歇息。没多久，店里来了个云游僧。客房满员，老陈便让云游僧与他同住。夜间，两人闲聊，云游僧知道老陈去重庆送信后，说自己刚好要去朝天门金竹寺送信，想让老陈帮忙。老陈觉得正好顺路，就答应了下来。

早上醒来，老陈与云游僧作别后，继续骑马前行，很快到了朝天门。但是四处打听，也没有人知道金竹寺的位置。老陈找了一天都没找到金竹寺，眼见天黑，只得找了间客栈留宿。

老陈找好客栈，刚要进客房，见一小和尚打着灯笼路过，那灯笼上写着“金竹寺”3 个字。老陈一看，赶忙上前问小和尚金竹寺在哪。小和尚指了指朝天门前方说：“那不就是金竹寺吗？”老陈一看，果然，一座明晃晃的寺庙就在不远处，于是请求小和尚带他去金竹寺。

老陈出朝天门往前，只见一条石阶通往江心，过了这石阶，就是金竹寺。老陈跟着小和尚进了金竹寺，将信交给了长老。长老说：“你送信如此辛苦，应收些报酬才好。”但老陈觉得只是顺路，不要报酬，然后就请小和尚引自己出寺。长老便说：“这寺庙中有很多竹子，既然你不肯收报酬，天色又黑，你就拿根竹竿好探路吧。”老陈觉得也对，就收了一根竹竿。

小和尚将老陈送到朝天门，老陈刚转身准备道谢，却看到眼前的石阶和金竹寺都已不见，而手中的竹竿竟然变成了一根金竹。

大足石刻里的故事

大足石刻的千手观音的修复工作是近年来举世瞩目的事情。从宋代造像到近年修复，这尊千手观音像经过了近千年的风霜侵蚀，虽然残破，但依然庄严。这尊千手观音像到底有多少只手？数百年来人们都想解开这个谜题，可是算来算去，最后都算错了。传说清朝时期，当地要给观音像贴金箔，一个小和尚趁着这个机会想出了办法来算手的数量。他每给观音像的一只手贴上金箔，就往地上扔一根竹签。一年零三个月后，观音像的金箔贴完了，他一数，发现地上一共有1007根竹签。那么，千手观音像是有1007只手吗？这就需要大家自己去数数看了。

大足石刻里的故事

大足石刻是有“东方艺术明珠”之称的世界八大石窟之一，也是中国继莫高窟之后第二个入选世界文化遗产的石窟类古迹。它的艺术价值自不必说，这里来讲讲那些不为人知的石刻故事。

大足石刻千手观音的修复工作是近年来举世瞩目的事情。从宋代造像到近年修复，这尊千手观音像经过了近千年的风霜侵蚀，虽然残破，但依然庄严。这尊千手观音像到底有多少只手？数百年来人们都想解开这个谜题，可是算来算去，最后都算错了。传说清朝时期，当地要给观音像贴金箔，一个小和尚趁着这个机会想出了办法来算手的数量。他每给观音像的一只手贴上金箔，就往地上扔一根竹签，一年零三个月后，观音像的金箔贴完了，他一数，发现地上一共有 1007 根竹签。那么，千手观音像是有 1007 只手吗？这就需要大家自己去数数看了。

除了这尊有名的千手观音像，大足石刻北山、宝顶山、南山、石篆山、石门山等山上都各有很多有意思的石刻造像，有佛像，也有场景人物像，比如养鸡女像。这尊造像是“刀船地狱”组雕中的一个，虽然这组石刻刻的是地狱的事，养鸡女的形象却美丽大方。这里有一段趣事。养鸡女姓奚，有一次她养的鸡跑到了山上的佛堂里，被和尚们打死了，奚姑娘就去找和尚们理论，最后由庙里赔偿了鸡钱。但住持认为养鸡是造杀孽，应该下地狱，就让造像的工匠刘思九把养鸡女刻到地狱组像里。刘思九对勤劳善良的奚姑娘很有好感，虽然刻了养鸡女的像，却把她刻得和善文静，与周围的地狱景象格格不入，留下了这样一组奇特的造像。

小贴士：

世界八大石窟，中国有五个

中国：云冈石窟
龙门石窟
敦煌莫高窟
大足石刻
麦积山石窟
柬埔寨：吴哥窟
印度：象岛石窟
阿富汗：巴米扬石窟

大隐隐于市的重庆寺庙

重庆是一座现代感十足的城市，灯火辉煌的夜景更是重庆的一大看点。但除了灯火，重庆市井之中总有一些地方有袅袅香烟徐徐升起，那是大隐隐于市的重庆寺庙。

『左手是商业中心，右手是宁静庙宇』，这是重庆大部分寺庙地理位置的真实写照，比如《疯狂的石头》剧组的取景地渝中区罗汉寺，就在上清寺商务中心地带；能仁寺在繁华的解放碑商圈里；沙坪坝宝轮寺就在磁器口过街楼的对面……繁华的闹市并没有影响寺庙中僧侣和信众的礼佛之心，他们依然淡然从容，不为外物所扰。也许正因身处闹市，庙宇中这份难得的宁静才分外珍贵。

罗汉寺

大隐隐于市的重庆寺庙

重庆是一座现代感十足的城市，灯火辉煌的夜景更是重庆的一大看点。但除了灯火，重庆市井之中总有一些地方有袅袅香烟徐徐升起，那是大隐隐于市的重庆寺庙。

“左手是商业中心，右手是宁静庙宇”，这是重庆大部分寺庙地理位置的真实写照，比如《疯狂的石头》剧组的取景地渝中区罗汉寺，就在上清寺商务中心地带；能仁寺在繁华的解放碑商圈里；沙坪坝宝轮寺就在磁器口过街楼的对面……繁华的闹市并没有影响寺庙中僧侣和信众的礼佛之心，他们依然淡然从容，不为外物所扰。也许正因身处闹市，庙宇中这份难得的宁静才分外珍贵。

有些佛寺没有隐于市井，却也有其魅力所在。南岸区大佛寺紧靠长江，是元末明初明玉珍修建的。明玉珍下令在长江南岸摩崖凿刻 7.5 米高的弥勒大佛坐像，以祈求光明世界到来，这是长江沿岸最大的一尊石刻佛像。潼南区也有一座大佛寺，亦叫南禅寺，供奉的是一尊金佛，宋代碑文记载，这尊金佛高 8 丈，号“金仙”，是当时全国第一大金佛。

南岸千佛寺与狮子山慈云寺距离很近，虽然没有慈云寺“青狮白象锁大江”的气派和当时全国唯一僧尼合庙的独特性，却有 1000 尊高约 26 厘米的佛像，自有其庄严之象。

除了隐于市井和建于山中的寺庙，重庆还有九龙坡华岩寺的荷花可赏、巴南区云豁寺的圣灯山可观、巴南区天心寺的莲花山可览。无一处不是美景，每座寺庙都是远离城市喧嚣的好去处。

小贴士：

1. 华岩寺八景：天池夜月、帕岭松涛、远梵霄钟、疏林夜雨、双峰耸翠、古洞鱼声、曲水流霞、寒岩喷雪。

2. 重庆主城区寺庙

城区	寺庙
渝中区	能仁寺、罗汉寺
大渡口区	金鳌寺、石林寺、松家沟观音寺
江北区	观音寺、鱼嘴普渡寺、僧官寺
沙坪坝区	宝轮寺、凤凰寺、飞雪寺
九龙坡区	华岩寺、龙凤寺、九龙寺
南岸区	南山寺、千佛寺、观音寺、慈云寺、涂山寺
北碚区	禹王寺、塔坪寺、三才寺、金剑寺、观佛禅寺、道明寺、温泉寺、缙云寺、福音寺
渝北区	龙头寺、龙法寺
巴南区	白沙寺、云豁寺、云篆寺、皇经寺、天心寺、枣子庙、木洞显应寺、灵香寺

杨柳街是张献忠的好人名片

传说，当年张献忠带领农民军围住重庆，在通远门炸开一个洞，士兵杀入城内与明军肉搏。当地的老百姓听说张献忠十恶不赦，见人就杀，眼见农民军冲进城里，只能赶快逃跑。在逃亡的百姓里，张献忠看到一个妇女牵着一个两三岁的孩子，背上却背着一个八九岁的孩子，心生好奇。他上前询问后才知道，妇女手牵的孩子是自己的亲生骨肉，而背上的是自己丈夫与已故前妻的孩子。这下张献忠更加不理解：此妇为何对他人之子竟比对自己的亲生骨肉还要好？妇女回道：『大儿已无母，小儿尚有。』此话一出，张献忠非常感动。随后张献忠表明身份并告诉妇女：回家后将杨柳枝插在大门上，农民军定不侵扰。后来，妇女将『门上插柳』的事告诉了左邻右舍，于是整条街的门上都插了杨柳，而战乱中竟然真的没有受到任何侵扰。为了纪念这件事情，当地人将这条街改名为『杨柳街』。

杨柳街是张献忠的好人名片

说起重庆历史上的名人，就不能不提张献忠；说起张献忠与重庆，就不能不提重庆的杨柳街。“一味好杀”的张献忠也有一张“好人卡”，这张“好人卡”就在杨柳街上。

传说，当年张献忠带领农民军围住重庆，在通远门炸开一个洞，士兵杀入城内与明军肉搏。当地的老百姓听说张献忠十恶不赦，见人就杀，眼见农民军冲进城里，只能赶快逃跑。在逃亡的百姓里，张献忠看到一个妇女牵着一个两三岁的孩子，背上却背着一个八九岁的孩子，心生好奇。他上前询问后才知道，妇女手牵的孩子是自己的亲生骨肉，而背上的是自己丈夫与已故前妻的孩子。这下张献忠更加不理解：此妇为何对他人之子竟比对自己的亲生骨肉还要好？妇女回道：“大儿已无母，小儿尚有。”此话一出，张献忠非常感动。随后张献忠表明身份并告诉妇女：回家后将杨柳枝插在大门上，农民军定不侵扰。后来，妇女将“门上插柳”的事告诉了左邻右舍，于是整条街的门上都插了杨柳，而战乱中竟然真的没有受到任何侵扰。为了纪念这件事情，当地人将这条街改名为“杨柳街”。

故事虽无典籍可考，却一直被重庆人口耳相传。“杨柳街”之名一直沿用了200多年，虽然后来与桂花街、三教堂、油市街合并成“中华路”。但据说，如今每年五六月份，杨柳街上仍有许多人家会在家门之上插一枝杨柳祈求家宅平安。

山城奇观吊脚楼

洪崖洞是重庆一个很特别的景点，其中的建筑是最具巴渝特色的吊脚楼，依山就势，沿江而建，蔚为壮观，是每个到重庆旅游的人必去的地方。

从前盖吊脚楼有很多讲究，要呈虎坐形，以『左青龙，右白虎，前朱雀，后玄武』为最佳屋场，不过真实的吊脚楼远没有如今的洪崖洞那么壮观。以前，在重庆城住吊脚楼的多是拉人力车、摇橹拉船、帮人挑河水的穷苦人家，因为吊脚楼不需要砖瓦，能省不少钱，只要用一些竹子围席、篾条捆绑一下，就成了吊脚楼。因此，他们住的吊脚楼也被称为『捆绑房』。现在有些人家盖起的吊脚楼美观大方，住在里面不是为了省钱，而是想重新找回山城特色，让外地人惊叹细细的木棒和竹子竟能撑住房屋不倒！

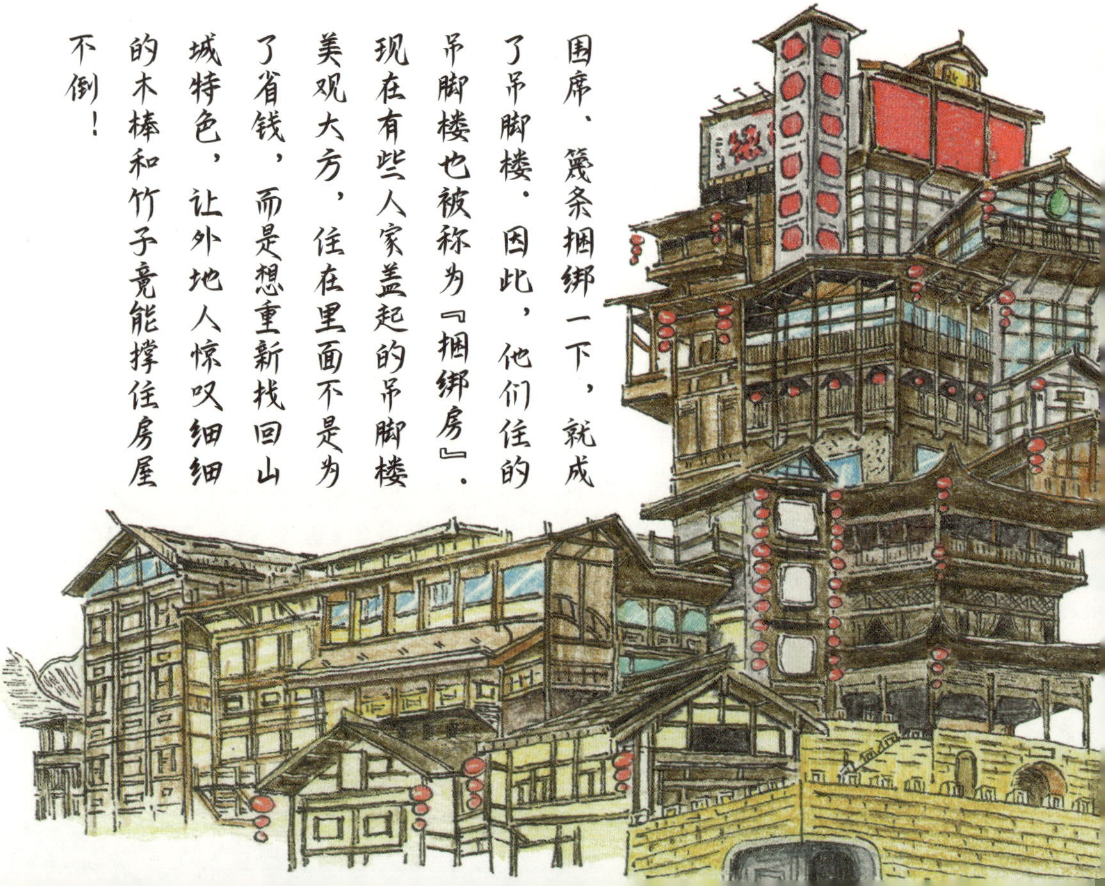

山城奇观吊脚楼

洪崖洞是重庆一个很特别的景点，其中的建筑是最具巴渝特色的吊脚楼，依山就势，沿江而建，蔚为壮观，是每个到重庆旅游的人必去的地方。洪崖洞的建筑历史并不长，但吊脚楼这种奇特的建筑有很多故事可以挖掘。

据说最早迁到鄂西的土家族人住的是“狗爪棚”，这种房屋简陋，经常被当地肆虐的野兽毁坏，很不安全。有一位见多识广的老人想了个办法，他让年轻人用粗壮的大树做架子，用木材搭建木屋，再盖上顶篷，建起了大大小小的“空中住房”。这些房子建得高，野兽够不着，人们终于可以安心睡觉了。后来，这种房子就逐渐演变成了今天的吊脚楼。

从前盖吊脚楼有很多讲究，要呈虎坐形，以“左青龙，右白虎，前朱雀，后玄武”为最佳屋场，不过真实的吊脚楼远没有如今的洪崖洞那么壮观。以前，在重庆城住吊脚楼的多是拉人力车、摇橹拉船、帮人挑河水的穷苦人家，因为吊脚楼不需要砖瓦，能省不少钱，只要用一些竹子围席、篾条捆绑一下，就成了吊脚楼。因此，他们住的吊脚楼也被称为“捆绑房”。现在有些人家盖起的吊脚楼美观大方，住在里面不是为了省钱，而是想重新找回山城特色，让外地人惊叹细细的木棒和竹子竟能撑住房屋不倒！

洪崖洞是重庆最抓人眼球的吊脚楼建筑群，夜景尤其美丽。整个洪崖洞就是一条“立体式空中步行街”，是了解巴渝文化的好去处。

小贴士：

洪崖洞旅游指南

一态	文化休闲业态
三绝	吊脚楼、集镇老街、巴文化
四街	纸盐河街江畔酒吧街、天成巷巴渝风情街、洪崖洞盛宴美食街、城市阳台异域风情街
八景	洪崖滴翠、两江汇流、吊脚楼群、洪崖群雕、城市阳台、巴文化柱、滨江好吃街、嘉陵夕照

丰碑式的建筑：重庆市人民大礼堂

凡是闻名于世的大城市，几乎都有与之匹配的标志性建筑。例如开罗的金字塔、雅典的卫城、北京的天安门……而重庆的人民大礼堂在整个世界建筑史上的地位也不逊多让。

很多人说重庆市人民大礼堂像北京天坛，也许在外形上确实如此，但当你进到大礼堂里面，选择一个座位坐下来仔细欣赏，你会发现，重庆市人民大礼堂拥有自己的气韵，是名副其实的丰碑式建筑。

丰碑式的建筑：重庆市人民大礼堂

凡是闻名于世的大城市，几乎都有与之匹配的标志性建筑。例如开罗的金字塔、雅典的卫城、北京的天安门……而重庆的人民大礼堂在整个世界建筑史上的地位也不遑多让。

1987 年，英国皇家建筑师学会联合伦敦大学著名专家教授共同主编增订出版了一本经典的建筑类书籍——《比较建筑史》，收录了全世界顶级的代表性建筑。书中收录并介绍了新中国建筑共 43 例，而重庆市人民大礼堂排在第二位。据说，这样一座优秀的建筑，竟然是一个“边设计，边施工”的紧急工程。当时人民大礼堂选址在学田湾的马鞍山，施工难度很大，经过层层上报之后，贺龙司令亲自调动十余辆推土机，在极短时间内将山顶夷为平地。根据图纸规划，人民大礼堂建筑面积超过 2 万平方米，这在当时绝对是一个大工程。随后，总工程师张家德带领多位建筑系青年学生，日夜指挥施工。工程最难的部分是半球形钢穹顶，图纸上的理论值和实际施工后的实际值的差距必然会影响整个大礼堂的安全。正在火烧眉毛之时，一份英文邮件送达重庆，里面是关于世界上仅有的几座钢穹顶建筑的计算理论和实例。一切如有天助，虽然中间依然有不少阻碍，但最终这座大礼堂顺利完工，成为重庆乃至全中国的骄傲。

很多人说重庆市人民大礼堂像北京天坛，也许在外形上确实如此，但当你进到大礼堂里面，选择一个座位坐下来仔细欣赏，你会发现，重庆市人民大礼堂拥有自己的气韵，是名副其实的丰碑式建筑。

解放碑，不只是一座为解放而立的碑

解放碑作为重庆地标之一，是每个到重庆的游客必去的景点。但是也许很多人不知道，它的意义可谓非常重大。

解放碑在矗立于重庆的第50年——1997年迎来了新一轮变化。这年，重庆成为直辖市。直辖后的重庆市不仅对解放碑进行了保护性维修，还以解放碑为中心，在附近建造购物广场。解放碑商圈越来越热闹，不仅满是吃的、喝的、玩的、乐的，还有众多公司和金融机构；不仅是大家喜欢逛的地方，也是重庆CBD极核区，更有了『西部第一街』等美称。

解放碑，不只是一座为解放而立的碑

解放碑作为重庆地标之一，是每个到重庆的游客必去的景点。但是也许很多人不知道，它的意义可谓非常重大。

在立解放碑之前，这里曾经有一座名为“精神堡垒”的碑。1937 年国民政府迁都重庆后，为动员全民奋起抗战，于 1940 年 3 月 12 日筹建一座象征决心抗战到底的“精神堡垒”，也就是抗战碑。该碑于 1941 年 12 月 30 日正式落成，碑高 7.7 丈①，含纪念“七七”抗战之意。3 月 12 日是孙中山逝世纪念日，因此该碑也有纪念孙中山先生之意。为防止日机轰炸，此碑以黑灰色为底，但是由于其采用木料建造，经不起日晒雨淋，不到 2 年就倒了。坍塌后的“精神堡垒”被拆除，附近被辟成街心草坪，当中立旗杆、悬挂旗帜。

1945 年抗战胜利后，为纪念中华民族和重庆人民为抗日战争全面胜利做出的贡献，重庆市政府在“精神堡垒”旧址上建立“抗战胜利纪功碑”，该碑于 1947 年落成。这是全国唯一一座纪念中华民族抗日战争胜利的纪念碑。

1949 年 11 月 30 日，重庆解放。1950 年，重庆各界代表向西南军政委员会请示将“抗战胜利纪功碑”改名。西南军政委员会决定将“抗战胜利纪功碑”改名为“人民解放纪念碑”，以纪念人民解放。人们习惯将“人民解放纪念碑”简称为“解放碑”。

解放碑在矗立于重庆的第 50 年——1997 年迎来了新一轮变化。这年，重庆成为直辖市。直辖后的重庆市不仅对解放碑进行了保护性维修，还以解放碑为中心，在附近建造购物广场。解放碑商圈越来越热闹，不仅满是吃的、喝的、玩的、乐的，还有众多公司和金融机构；不仅是大家喜欢逛的地方，也是重庆 CBD 极核区，更有了“西部第一街”等美称。

①今 1 丈≈3.33 米。

建文帝避世磁器口

『重庆走一走，辣子沾满手，不到朝天门，就去磁器口。』磁器口于重庆之地位可见一斑。

磁器口坐拥『一江两溪三山四街』的独特地貌，曾经作为嘉陵江边重要的水陆码头，『白日里千人拱手，入夜后万盏明灯』，繁盛一时；而今更是重庆市古镇文化的代表，其自然景观与人文特色完美结合，堪称重庆的一张城市名片。

建文帝避世磁器口

重庆走一走，辣子沾满手。不到朝天门，就去磁器口。磁器口于重庆之地位可见一斑。据史料记载，此处原名“龙隐镇”，是因为建文帝朱允炆在此避世。

据说，明代“靖难之役”后，朱允炆为躲避永乐帝追杀，一路颠沛流离躲入重庆。起初朱允炆在南泉的一座山峰暂居，而后某日遇到一位仙翁，指引他向西北寻找一座貌似隐龙的山峰，并在一处白色巨岩上修行，便可安然无恙。朱允炆根据指引一路寻觅，来到嘉陵江沿岸的白岩镇，几番打听之后才知道，镇子的名字来源于此处的白岩寺。朱允炆恍然大悟：仙翁所指“白色巨岩”就是这座白岩寺，而在此修行之意即为剃度出家。自此，朱允炆在寺中参禅打坐，暮鼓晨钟，隐居了多年。据说后来寺中修缮大雄宝殿，在其中发现了隐藏的两条龙的影子，一条张牙舞爪，一条安定自若。寺中高僧推测，一条龙所代表的应是永乐帝朱棣，另一条应是建文帝朱允炆。由此，白岩寺更名为“龙隐寺”，而整个镇子也更名为“龙隐镇”。1918 年，此处因建“蜀瓷厂”，瓷器生意越做越大，人们慢慢习惯称这里为“瓷器口”，而后又演化为“磁器口”。

磁器口坐拥“一江两溪三山四街”的独特地貌，曾经作为嘉陵江边重要的水陆码头，“白日里千人拱手，入夜后万盏明灯”，繁盛一时；而今更是重庆市古镇文化的代表，其自然景观与人文特色完美结合，堪称重庆的一张城市名片。

重庆轻轨：穿梭于山城间的游龙

重庆依山而建，因山路崎岖不利车行，在『重庆十八怪』中就有『坐车没得走路快』这一说法。考虑到重庆市的大小，居民出门仅凭步行恐怕也不现实，因此『轻轨』成为当地人出行的主要交通工具。

空中列车有些像索道，只不过钢索下面吊着的不是轿厢，而是轨道，空中列车就在轨道上运行。

轻轨如今已是重庆一景，有人喜欢站在平地上，仰望它在空中飞驰；有人喜欢站在高处，平视它从身边奔驰而过；还有人喜欢俯视重庆，看轻轨穿梭在整座山城之中，当真是宛若游龙。

重庆轻轨：穿梭于山城间的游龙

重庆依山而建，因山路崎岖不利车行，在“重庆十八怪”中就有“坐车没得走路快”这一说法。考虑到重庆市的大小，居民出门仅凭步行恐怕也不现实，因此“轻轨”成为当地人出行的主要交通工具。只是很少有人知道建设轻轨背后一波三折的故事。

20 世纪 80 年代，重庆就有建轨道交通的计划，只不过最开始的时候并不是要建轻轨，而是地铁。由于历史原因，重庆有不少防空洞，当时有专家认为，如果将防空洞妥善整合修葺，或许能直接使其成为地铁通道的一部分。1983 年重庆市编制的《重庆市城市总体规划》中，正式提出要建地铁。然而，一行专家来重庆考察后，发现重庆的地貌特征并不适合大范围修建地铁，于是这一计划只能暂时搁置。从地铁过渡到轻轨，生活在重庆的老人或许还记得，在这一过程中还有一个轨道交通的“过客”——空中列车。空中列车有些像索道，只不过钢索下面吊着的不是轿厢，而是轨道，空中列车就在轨道上运行。然而，由于重量限制，空中列车的运载量无法满足重庆人的需求。又经过多番比较之后，建设轻轨才正式成为重庆轨道交通的最终方案。有热爱重庆的老人这样说：“从地铁、空中列车到轻轨，说明重庆人坐(做)不得地下的蛇，也坐(做)不得天上的鹰，只有坐(做)这盘绕山城里的龙才要得！”

轻轨如今已是重庆一景，有人喜欢站在平地上，仰望它在空中飞驰；有人喜欢站在高处，平视它从身边奔驰而过；还有人喜欢俯视重庆，看轻轨穿梭在整座山城之中，当真是宛若游龙。

小贴士：

重庆特色轻轨站

站名	特色
两路口	老重庆是什么样子，答案都在这里
沙坪坝站	民族文化的展示窗口
小龙坎站	“绿色森林”很浪漫
烈士墓站	全国著名大涂鸦站
江北机场站	青花瓷、中国风
南坪站	老重庆人的满满回忆
牛角沱站	时空隧道赏江景

至少要坐三次长江索道

晴空万里，看长江壮阔。乘坐长江索道，最基本的目的是横跨长江，因此在此过程中最激动人心的时刻，莫过于缆车运行到江心之时。与在岸边或者高空看长江不同，缆车运行到江心，似乎成为长江里的一叶扁舟，江面波浪翻滚，江水浩浩荡荡，长江的壮阔之美，只有在晴天乘坐索道才能够感受到。

雨雾蒙蒙，享雾都仙境。重庆素有『雾都』之称，在雨雾之时乘坐索道虽然能见度不高，但缆车本身犹如穿梭在云海之中。若是雾气略微浓重，坐在缆车里听着江水之声，就像是腾云驾雾入了仙境。

夜幕降临，赏山城夜景。重庆新评选的『巴渝十二景』里有『山城灯海』一景，虽然重庆有很多欣赏这一美景的好去处，但在索道缆车之上无疑别有一番味道。试想一下，坐在江中缆车之内，以江分隔的山城两岸均灯火辉煌，五彩斑斓的灯光映入江面，这一美景仿佛一幅美丽的画卷，让人不知自己是画外赏画之客，还是画中沉醉之人。

至少要坐三次长江索道

重庆长江索道被誉为“万里长江第一条空中走廊”。这条索道不仅是重庆市的标志之一，更是当地百姓出行的主要交通工具之一。然而，如果你真想领略索道的魅力，那么至少要乘坐 3 次，这 3 次分别要在晴空万里、雨雾蒙蒙和夜幕降临之时。

晴空万里，看长江壮阔。

乘坐长江索道，最基本的目的是横跨长江，因此在此过程中最激动人心的时刻，莫过于缆车运行到江心之时。与在岸边或者高空看长江不同，缆车运行到江心，似乎成为长江里的一叶扁舟，江面波浪翻滚，江水浩浩荡荡。长江的壮阔之美，只有在晴天乘坐索道才能够感受到。

雨雾蒙蒙，享雾都仙境。

重庆素有“雾都”之称，在雨雾之时乘坐索道虽然能见度不高，但缆车本身犹如穿梭在云海之中。若是雾气略微浓重，坐在缆车里听着江水之声，就像是腾云驾雾入了仙境。

夜幕降临，赏山城夜景。

重庆新评选的“巴渝十二景”里有“山城灯海”一景，虽然重庆有很多欣赏这一美景的好去处，但在索道缆车之上无疑别有一番味道。试想一下，坐在江中缆车之内，以江分隔的山城两岸均灯火辉煌，五彩斑斓的灯光映入江面，这一美景仿佛一幅美丽的画卷，让人不知自己是画外赏画之客，还是画中沉醉之人。

重庆长江索道自 1987 年建成至今，已为重庆服务近 36 年。除了重庆老百姓以此为交通工具、游人以此为景，不少电影和娱乐节目也在此取景。因此，很多人说“没坐过长江索道等于没去过重庆”，这句话的确有一定道理。

小贴士：

在长江索道取景的影视剧（部分）

片名
《周渔的火车》
《疯狂的石头》 《好奇害死猫》
《门》
《日照重庆》
《团圆饭》 《宝马狂想曲》

重庆最美在古镇

龙兴古镇

重庆渝北区的龙兴古镇因其古老的传说而闻名。据说，明朝永乐帝朱棣将建文帝朱允炆推下皇位。朱允炆慌忙出逃，路经太洪江，欲投奔旧臣杜景贤。他在江北隆兴场一座小庙中休息的时候，听到庙外有追兵，连忙躲到神龛下的石洞中，追兵见小庙残破，似无人迹，就离开了。朱允炆脱险之后就在杜景贤家中隐居。后世人就将他躲藏的小庙改为『龙藏寺』，将『隆兴场』更名为『龙兴场』，将太洪江也更名为『御临河』。

偏岩古镇

这里是《红岩》一书中『双枪老太婆』活动的地方。偏岩古镇坐落在华蓥山脉西南面的两支余脉之间，因镇北处有一岩壁倾斜高耸，悬空陡峭，故名偏岩镇。偏岩镇是一座工商古镇，曾经商贸繁荣，有书楼、戏楼、九台栈、武庙、禹王庙等众多古建筑留存。

偏岩古镇

重庆最美在古镇

说起重庆周边的古镇，很多人第一时间想起的是磁器口。磁器口的确很美，是盛极一时的“小重庆”。磁器口的“古镇三绝”——毛血旺、千张皮和椒盐花生都是当地美食，但除了磁器口，重庆还有很多美丽的古镇，各有特色，美不胜收。

涞滩古镇

重庆合川区的涞滩古镇是中国十大古镇之一，入选首批“中国最美的村镇”。涞滩古镇始建于晚唐时期，历史悠久，位于合川城东的鹫峰山上，分上下两场，有古庙、古城、古佛，古意十足。镇内有清朝同治年间修的瓮城，是川东地区唯一保存完好的古代防御设施。现在在古镇里，有涞滩新八景：涞滩古韵、翁城八门、长岩巨洞、双塔迎舟、水月交辉、鹫鹰展翅、修竹戏石、独树东门。

龙兴古镇

重庆渝北区的龙兴古镇因其古老的传说而闻名。据说，明朝永乐帝朱棣将建文帝朱允炆推下皇位。朱允炆慌忙出逃，路经太洪江，欲投奔旧臣杜景贤。他在江北隆兴场一座小庙中休息的时候，听到庙外有追兵，连忙躲到神龛下的石洞中，追兵见小庙残破，似无人迹，就离开了。朱允炆脱险之后就在杜景贤家中隐居。后世就将他躲藏的小庙改为“龙藏寺”，将“隆兴场”更名为“龙兴场”，太洪江也更名为“御临河”。

偏岩古镇

这里是《红岩》一书中“双枪老太婆”活动的地方。偏岩古镇坐落在华蓥山脉西南面的两支余脉之间，因镇北处有一岩壁倾斜高耸，悬空陡峭，故名偏岩镇。偏岩镇是一座工商古镇，曾经商贸繁荣，有书楼、戏楼、九台栈、武庙、禹王庙等众多古建筑留存。古镇中还有一首《十字歌诀》，囊括了整个古镇全貌：一条困牛，两座古刹，三处圣地，四寺绕周围，五商在市，六（绿）潭幽深，七部水车转，八曲黑水滩，九门保安康，十（石）狮丈二高。

龚滩古镇

有『重庆第一历史文化名镇』之称的龚滩古镇位于重庆和贵州的交界地土家族苗族自治县内，乌江、阿蓬江的交汇处，有着1800多年的历史。龚滩古镇是由乌江连接重庆的黄金口岸，商贸往来频繁，有『钱龚滩』之称。其主要景点有西秦会馆、川主庙、夏家院子等。

重庆周边大大小小的古镇共有20多个，有保留着『原始野趣』的江津塘河古镇，有产马打滚、斑鸠豆腐的酉阳后溪古镇，还有有着『一泉流白玉，万里走黄金』之称的宁厂古镇。美景太多，只能靠游人自己去一一发现。

万灵古镇

万灵古镇原名路孔镇，在重庆市荣昌区城东，是一座依山而建的“小山城”。南宋时期，这里由于出产宫庭贡品蜂蜜而逐渐成为水陆码头，沱湾码头就是当时的遗迹。另外，路孔镇有建于明朝的尔雅书院、大荣桥，还有清代移民们为方便同乡交流而集资修建的湖广会馆和供奉大禹的“禹王宫”。

龚滩古镇

有“重庆第一历史文化名镇”之称的龚滩古镇位于重庆和贵州的交界地土家族苗族自治县内，乌江、阿蓬江的交汇处，有着1800多年的历史。龚滩古镇是由乌江连接重庆的黄金口岸，商贸往来频繁，有“钱龚滩”之称。其主要景点有西秦会馆、川主庙、夏家院子等。

洪安古镇

重庆东南部的洪安古镇因位于重庆、湖南和贵州的交界处，故有“一脚踏三省”之称。洪安古镇是现代作家沈从文笔下“边城”的原型，著名景点有“象鼻吸水”“九龙坡”“三不管”小岛等。洪安古镇一地囊括三省特色，是一片远离尘嚣、返璞归真的净土。

走马古镇

重庆九龙坡区的走马古镇是重庆通往成都的必经之地，有“识相不识相，难过走马岗”的民谚。走马镇因遍植桃树而引来无数游客，每年3月份的走马桃花节都会吸引大量国内艺人和民间艺术爱好者慕名前往。走马古镇著名景点有古驿道遗址、明清建筑古戏楼、孙家大院、慈云寺遗址等。

重庆周边大大小小的古镇共有20多个，有保留着“原始野趣”的江津塘河古镇，有产马打滚、斑鸠豆腐的酉阳后溪古镇，还有有着“一泉流白玉，万里走黄金”之称的宁厂古镇。美景太多，只能靠游人自己去一一发现。

小贴士：

重庆古镇美食

古镇	美食
磁器口	毛血旺、千张皮、椒盐花生
涞滩古镇	罗氏老豆干、渠江鱼、土鸡
龙兴古镇	龙兴豆干、老腊肉
偏岩古镇	豆花、小米渣肉、老腊肉
万灵古镇	母猪壳、艾粑、黄凉粉、铺盖面、灰水粽子
龚滩古镇	龚滩酿豆腐、龚滩烧白、苦荞酒、宜居茶
洪安古镇	洪安腌菜鱼
走马古镇	担担面、醪糟水、荷包蛋、桂花炒米糖
塘河古镇	酸笋鱼
后溪古镇	斑鸠豆腐、油馃子、野生鱼、马打滚

第四章

重庆物产

麻辣重庆，无辣不欢

烤鱼

烤鱼中最著名的当数巫溪烤鱼和万州烤鱼。而历史最长的烤鱼，当数巫溪烤鱼。

巫溪县有条大宁河，附近船工众多。船工们在运货途中没什么吃的，只能捕鱼充饥。一天，一个船工烤鱼时，觉得鱼肉吃起来发干，便将烤鱼又放到锅里，和随身带的咸菜、辣椒一起煮，没想到美味翻倍。巫溪烤鱼就这么诞生了。

巫溪烤鱼很快被传到了附近的万州县城，大家竞相做烤鱼生意。不仅如此，爱钻研的万州人还将烤鱼创新，推出家常、青椒等不同口味。万州交通便利，当地人又有较强的商业意识和宣传意识，因此万州烤鱼也出了名。

麻辣重庆，无辣不欢

说起重庆美食，人人都能说出几个，然而重庆美食实在太多，一时半会儿又说不全。但是你要问重庆美食的特色是什么，大家会异口同声地回答：辣！重庆是个无辣不欢的城市，这里的美食热辣鲜香，让人欲罢不能。

烤鱼

烤鱼中最著名的当数巫溪烤鱼和万州烤鱼。而历史最长的烤鱼，当数巫溪烤鱼。

巫溪县有条大宁河，附近船工众多。船工们在运货途中没什么吃的，只能捕鱼充饥。一天，一个船工烤鱼时，觉得鱼肉吃起来发干，便将烤鱼又放到锅里，和随身带的咸菜、辣椒一起煮，没想到美味翻倍。巫溪烤鱼就这么诞生了。

巫溪烤鱼很快被传到了附近的万州县城，大家竞相做烤鱼生意。不仅如此，爱钻研的万州人还将烤鱼创新，推出家常、青椒等不同口味。万州交通便利，当地人又有较强的商业意识和宣传意识，因此万州烤鱼也出了名。

巫溪烤鱼口味比较传统，吃起来更加酥脆，辣味和咸味比较重；万州烤鱼善于创新，口感鲜嫩香辣，口味偏香辣。两款烤鱼各有千秋，都值得一试。

酸菜鱼

酸菜鱼是用鲜草鱼和四川泡菜烹煮而成，酸中带辣，吃着过瘾，算是一个帮着重庆美食打天下的开路先锋。

据说酸菜鱼是出自江津渔夫之手，发明的过程跟烤鱼很像。这里的渔夫在江上捕鱼，捕得鱼后，将鱼儿按等级筛选，大鱼卖钱，小鱼与江边的农家换酸菜吃。有一次，一个渔夫觉得白水煮鱼没什么滋味，刚好跟农家换了很多酸菜，就将酸菜放入锅中，再加点儿辣椒，原本以为会是“黑暗料理”，没想到十分美味。

水煮鱼

水煮鱼起源于重庆渝北地区，也是诞生于江边的一道“江湖菜”。

毛血旺

毛血旺的诞生地是重庆磁器口码头。据说20世纪40年代，磁器口码头有一屠夫，每天都把卖肉剩下的动物内脏低价处理。屠夫的妻子张氏觉得这样不合算，就当街支起小摊，将百叶、猪肺、肥肠等用老姜、花椒、辣椒等材料小火慢炖，鲜香四溢，引得大家纷纷来买。一天，店里剩下一块猪血，张氏就将猪血块放入汤里，没想到汤更加鲜香，于是就有了这风靡大江南北的毛血旺。

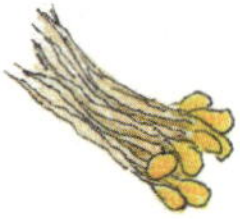

麻辣烫有两派。一派麻辣烫是把菜和肉都串在竹扦子上，放入汤中烫熟以后捞出来，用筷子一撸，菜和肉跌入花生酱中，就可以开吃了。还有一派论斤称重计价，称完后把菜肉放入锅里煮熟加酱料吃。但不论哪一种吃法，都可以看作是火锅的简化版。不同的是，麻辣烫比火锅要方便快捷、节省时间。

发明这道菜的是一个川菜世家出身的师傅。这师傅有个住在嘉陵江边的朋友，两人经常在江边小酌。有一天，师傅又去探友，眼看到中午，他那平日不吃大肉荤腥的朋友忘了备菜，中午饭怎么办呢？师傅心生一计，把木盆里的活鱼拿来杀了，然后用辣椒炝锅，加水一煮，就是水煮鱼了。朋友尝了一下鱼，赞不绝口。师傅觉得如果再加改良，这将是一道好菜，遂回家潜心研究，最终将水煮鱼做成了重庆美食一绝。

毛血旺

毛血旺的主材料都在名字里。毛血旺的“毛”，指的是毛肚、百叶等；“血旺”指血豆腐，也就是动物血加盐加热凝固而成的食品。这些东西分开吃味道一般，但是将它们混到麻辣鲜香的汤里煮一煮，美味程度立马提升一大截。

毛血旺的诞生地是重庆磁器口码头。据说 20 世纪 40 年代，磁器口码头有一屠夫，每天都把卖肉剩下的动物内脏低价处理。屠夫的妻子张氏觉得这样不合算，就当街支起小摊，将百叶、猪肺、肥肠等用老姜、花椒、辣椒等材料小火慢炖，鲜香四溢，引得大家纷纷来买。一天，店里剩下一块猪血，张氏就将猪血块放入汤里，没想到汤更加鲜香，于是就有了这风靡大江南北的毛血旺。

麻辣烫

麻辣烫的“出生地”也在江边。长江边的船工干的活重，没心思弄吃的，为了省事，就经常在江边捡些柴火，支起瓦罐，身边有什么菜就涮什么菜。涮菜加上花生酱、辣椒等佐料，美味、驱寒又饱腹，因此很快流行起来。

麻辣烫有两派。一派麻辣烫是把菜和肉都串在竹扦子上，放入汤中烫熟以后捞出来，用筷子一撸，菜和肉跌入花生酱中，就可以开吃了。还有一派论斤称重计价，称完后把菜肉放入锅里煮熟加酱料吃。但不论哪一种吃法，都可以看作是火锅的简化版。不同的是，麻辣烫比火锅要方便快捷、节省时间。

酸辣粉

酸辣粉也是重庆美食榜上的一个“大咖”。酸辣粉的小店火遍全国，一提酸辣粉，无人不知。但是关于酸辣粉的来历，这里得给您“摆一摆”。

三国时，刘备、关羽、张飞在桃园结义，桃园的主人看得欢喜，专门为他们做了一顿饭。这位主人希望他们三人

口水鸡

世界上最不能胡乱猜测名字来历的美食就是口水鸡了。口水鸡可不是用口水做的鸡，而是让你馋得流口水的鸡。这一点，你一定要牢记心中，动手吃鸡的时候才会没有阴影。

口水鸡有多美味，不用费力描述，这里只说凡是吃过的人，想起来都会流口水，你就知道这道美食有多好吃了。

泡椒凤爪

泡椒凤爪也是让重庆人骄傲的美食。鸡头、鸡爪本来不是吃鸡的重点，但是重庆人愣是将这鸡爪收集起来，去皮洗净，与爆辣的小辣椒泡在一起，成就了这么一道可以上桌也可以包装起来当零食的泡椒凤爪。泡椒凤爪好吃，其『鸡爪变凤爪』的过程也启示我们：只要用心经营，生活总会有滋有味，回味无穷。

的友情地久天长，于是用红苕粉做成筋道绵长的粉条，然后加上老坛酸菜、红糖、黄连和小尖椒，寓意酸甜苦辣都不怕，共甘苦。重庆酸辣粉就是由此演变而来。

鸡公煲

瓜子小脸，纤纤玉腿，珠圆玉润，肤白貌美，重庆鸡是也。重庆的鸡不仅“颜值高”，味道也是一流。用它做出来的鸡公煲，味道自然也是无与伦比的。

鸡公煲的由来与一帮老司机有关。据说重庆的一帮老司机出了一趟长途车，半路饿得前胸贴后背，找了半天，好不容易找到了一家饭店，老板说饭都卖完了。这群老司机上前说尽好话，老板看他们可怜，就去后院将自己家的鸡宰了，又加了些辣椒香料，混着火锅底料一起烧，没想到这一烧，就烧出了一道名菜。重庆人之所以称它“鸡公煲”，是因为公鸡在重庆方言中叫“鸡公”。

辣子鸡

重庆歌乐山有两种东西最有名，一种是红岩文化，另一种就是辣子鸡。

据说20世纪80年代，在歌乐山上做早餐生意的朱家，见这里有大批卖鸡卖鸭的商贩经过，可以第一时间选到最优质的鸡，于是开始研究怎么做鸡肉，让它美味又驱寒除湿。经过不断尝试，朱家终于做出了这道香辣劲爆的辣子鸡。

口水鸡

世界上最不能胡乱猜测名字来历的美食就是口水鸡了。口水鸡可不是用口水做的鸡，而是让你馋得流口水的鸡。这一点，你一定要牢记心中，动手吃鸡的时候才会没有阴影。

口水鸡有多美味，不用费力描述，这里只说凡是吃过的人，想起来都会流口水，你就知道这道美食有多好吃了。

泡椒凤爪

泡椒凤爪也是让重庆人骄傲的美食。鸡头、鸡爪本来不是吃鸡的重点，但是重庆人愣是将这鸡爪收集起来，去皮洗净，与爆辣的小辣椒泡在一起，成就了这么一道可以上桌也可以包装起来当零食的泡椒凤爪。泡椒凤爪好吃，其“鸡爪变凤爪”的过程也启示我们：只要用心经营，生活总会有滋有味，回味无穷。

花椒原来是个姑娘

传说在大禹疏通长江三峡的队伍中有一个老郎中，老郎中有一个叫花椒的小孙女。花椒不仅长得美丽可人，还精通医术，跟爷爷一起四处奔波，为治水工人和当地百姓治病。

大禹疏通三峡后，正要转移，当地却闹起了流行眼病。花椒想留在这里为大家治病，但爷爷担心花椒人小体弱，在此无人照顾，坚持让她随队转移。花椒说服不了爷爷，就跑去找大禹，想让大禹帮她说情。

大禹听说此事后，觉得花椒一片善心，非常愿意帮她，但光有善心是不够的，花椒必须医术过硬，留在这里才有作用。大禹就提出几种疑难病症来考她，没想到花椒都对答如流。大禹又找来当地一个患有眼病的人让她医治，花椒配了一服药，药到病除，将那人治好了。大禹十分满意，就帮花椒说服了爷爷，让花椒留在了当地。

花椒原来是个姑娘

很多地方的人喜欢吃辣，重庆人也是。但重庆人不光爱吃辣，还钟情于花椒带来的麻爽，吃什么都得加点儿花椒提味，就连做个盖饭，上面都要加一层花椒“助兴”。重庆人之所以如此钟情于花椒，据说是因为这样一个故事——

传说在大禹疏通长江三峡的队伍中有一个老郎中，老郎中有一个叫花椒的小孙女。花椒不仅长得美丽可人，还精通医术，跟爷爷一起四处奔波，为治水工人和当地百姓治病。

大禹疏通三峡后，正要转移，当地却闹起了流行眼病。花椒想留在这里为大家治病，但爷爷担心花椒人小体弱，在此无人照顾，坚持让她随军转移。花椒说服不了爷爷，就跑去找大禹，想让大禹帮她说情。

大禹听说此事后，觉得花椒一片善心，非常愿意帮她，但光有善心是不够的，花椒必须医术过硬，留在这里才有作用。大禹就提出几种疑难病症来考她，没想到花椒都对答如流。大禹又找来当地一个患有眼病的人让她医治，花椒配了一服药，药到病除，将那人治好了。大禹十分满意，就帮花椒说服了爷爷，让花椒留在了当地。

花椒送走了爷爷和治水大军后，就背着药箱四处出诊。有一天，花椒在出诊的路上发现一种植物，这植物结的小红籽味麻性烈，十分奇特。花椒将其带回家研究，发现将这小红籽和辣椒放在一起，既能提香，又能治眼病，就发动大家寻找这种植物。很快，大家的眼病被治好了，房前屋后也种满了这种植物，人们做饭也喜欢加这种植物结的小红籽。后来，为了纪念花椒姑娘，人们便把这小红籽命名为“花椒”。

小贴士：

宫廷为什么喜欢“椒房”？

古代宫廷喜用花椒掺入涂料以涂墙壁，这种房子就是“椒房”。之所以如此，一是因为，古人认为花椒的香气可辟邪；二是因为，花椒树结实累累，是子孙繁衍的象征，后宫用花椒泥涂墙壁，也是希望能多子多福。

无火锅，非重庆

到重庆吃什么？火锅！全国各地到处都有重庆火锅店，但如果有机会到重庆旅游，你一定要吃一顿正宗的重庆火锅。

火锅在中国有几千年的历史了，但重庆火锅自成一派。据说，重庆火锅最早是由街头的『木八块』演变而来。所谓『木八块』，在《毛肚火锅流源》一文中有考证，是用洋铁制一个有8格的锅，下面生小炉灶，一人占一格，加料吃，当时吃的是牛肉、牛心、牛肝、牛油渣等，价格是一个铜板8片牛肉，所以称『木八块』。从前没有毛肚火锅，据说是码头上的木手、纤夫们将屠夫丢弃不要的牛内脏捡回去洗净、切块，加入辣椒、花椒、姜、蒜等辛辣之物，边煮边吃，吃得大汗淋漓，香飘十里。这种吃法既饱腹又御寒，逐渐演变成后来重庆最有名的麻辣毛肚火锅。

无火锅，非重庆

到重庆吃什么？火锅！全国各地到处都有重庆火锅店，但如果有机会到重庆旅游，你一定要吃一顿正宗的重庆火锅。关于吃重庆火锅还有桩趣事：有闻香而来的外国人急不可耐地下筷子捞锅里的毛肚，被辣得直给舌头扇风，见桌子上有一个易拉罐，想来是饮料，打开就喝，一口饮尽，吧嗒吧嗒嘴，怎么有点儿油？看到这里，有的看官就要会心一笑了：他这是把易拉罐装的油料当饮料喝了。

火锅在中国有几千年的历史了，但重庆火锅自成一派。据说，重庆火锅是由街头的水八块演变而来。所谓“水八块”，在《毛肚火锅流源》一文中有考证，是用洋铁制一个有8格的锅，下面生小炉灶，一人占一格，加料吃，当时吃的是牛肉、牛心、牛肝、牛油渣等，价格是一个铜板8片牛肉，所以称“水八块”。从前没有毛肚火锅，据说是码头上的水手、纤夫们将屠夫丢弃不要的牛内脏捡回去洗净、切块，加入辣椒、花椒、姜、蒜等辛辣之物，边煮边吃，吃得大汗淋漓，香飘十里。这种吃法既饱腹又御寒，逐渐演变成后来重庆最有名的麻辣毛肚火锅。

重庆是当之无愧的“火锅之都”。有专门研究火锅历史的老人，对解放初期重庆火锅的吃法印象很深。那时候，桌子中间不挖洞，火锅架在小灶上，很高，凳子却很矮，穿旗袍的女人不大够得着，不方便。于是就有人想出一个办法：在矮凳上再放一个矮凳，坐得高了自然就够得着了。这幅克服一切困难吃火锅的景象画面感极强。

小贴士：

重庆火锅与成都火锅比较

	重庆火锅	成都火锅
油	牛油，或加少量鸡油	一般两份菜籽油和一份色拉油
锅形	多九宫格	多鸳鸯锅
蘸料	香油、蒜泥	耗油、豆豉、各种酱料
口味	香料多	重原味

重庆小面的亲情杂谈

对于重庆本地人而言，虽然情感上深爱着火锅，生活中最依赖的美食却是小面。因此，重庆人将火锅比喻成炽热的爱情，而将小面比作相伴的亲情。

小面的亲情是放得开。若说重庆每100米就有一家面馆（摊），一点儿都不夸张，而且小面一定是店中头牌。吃面的人中有西装革履的白领，有穿开裆裤的小屁孩，有装扮随意的宅男，有时尚靓丽的美女……无论自己在外面是什么角色，吃小面的时候都不需要在乎，就像在亲人面前一样放得开。

小面的亲情是粗中有细。所谓『粗』是指做面的风格，锅要大，水要多，面汤要浓厚，油辣子的海椒要饱满；所谓『细』是指用料，除面要筋道之外，黄花园的酱油、阆中的保宁醋……处处有讲究。虽然通常一份小面只有二两，但从头到尾的操作和食材佐料的选用一点儿都不含糊。只有亲人才会如此，即使你的需求只有一点点，亲人也会做足功夫，倾尽所有般给予。

重庆小面的亲情杂谈

重庆美食崇尚麻辣，提起重庆美食，多数人首先想到的必定是泛着红油的重庆火锅。其实，对于重庆本地人而言，虽然情感上深爱着火锅，生活中最依赖的美食却是小面。因此，重庆人将火锅比喻成炽热的爱情，而将小面比作相伴的亲情。

小面的亲情是放得开。若说重庆每100米就有一家面馆（摊），一点儿都不夸张，而且小面一定是店中头牌。吃面的人中有西装革履的白领，有穿开裆裤的小屁孩，有装扮随意的宅男，有时尚靓丽的美女……无论自己在外面是什么角色，吃小面的时候都不需要在乎，就像在亲人面前一样放得开。

小面的亲情是粗中有细。所谓“粗”是指做面的风格，锅要大，水要多，面汤要浓厚，油辣子的海椒要饱满；所谓“细”是指用料，除面要筋道之外，黄花园的酱油、阆中的保宁醋……处处有讲究。虽然通常一份小面只有二两，但从头到尾的操作和食材佐料的选用一点都不含糊。只有亲人才会如此，即使你的需求只有一点点，亲人也会做足功夫，倾尽所有般给予。

小面的亲情是离不开。重庆人不会天天吃火锅，但几乎天天吃小面，故而在“重庆十八怪”里有“不吃小面不自在”一说。这一点也与亲情相似，它并不昂贵，每日围绕在身边，看似不太重要，却少不了。

一碗小面，二两正好，三餐必备，四重味道，五张凳子，六人叫好，七种调料，八勺辣椒，久不能忘，十足管饱。到重庆，不来一碗小面，你当真是会错过这份特殊的亲情。

童谣里的黄花园酱油

在缺肉少油的时候，能吃上一顿有滋有味的酱油拌饭绝对是最好的享受。重庆人吃酱油不认别的牌子，只认黄花园。

黄花园酱油的前身是浙江『老同兴』酱油。这个老牌酱油曾驰名江南，是清朝同治年间的宫廷御用酱油。抗战爆发后，『老同兴』酱油的掌门人汤志轩带着祖传的酱油秘方逃到重庆，选址神仙洞（现渝中区兴隆街）开办酱油厂，因邻近黄花园，便给厂子取名叫『黄花园酱油厂』。

在重庆，酿造业原本属于最底层的行业，还没有卖药材的山货帮和卖布匹、皮革的皮头帮体面，做酱油的家庭式作坊散落在各街道，没有门市，用竹筒称斤两做交易，被当地人蔑称为『窝点』。黄花园酱油落户重庆后，一方面冲击了原来的家庭式作坊，一方面也拯救了被人瞧不起的酱油酿造业。

童谣里的黄花园酱油

“黄斯黄斯马马，请你阿公阿婆过来耍耍，酱油和的饭饭，豆瓣炒的嘎嘎。”重庆老街巷里至今还在回荡的清脆童谣，总是能将人带回那个家家爱吃酱油拌饭（又叫猫儿饭）的年代。在缺肉少油的时候，能吃上一顿有滋有味的酱油拌饭绝对是最好的享受。重庆人吃酱油不认别的牌子，只认黄花园。

黄花园酱油的前身是浙江“老同兴”酱油。这个老牌酱油曾驰名江南，是清朝同治年间的宫廷御用酱油。抗战爆发后，“老同兴”酱油的掌门人汤志轩带着祖传的酱油秘方逃到重庆，选址神仙洞（现渝中区兴隆街）开办酱油厂，因邻近黄花园，便给厂子取名叫“黄花园酱油厂”。

在重庆，酿造业原本属于最底层的行业，还没有卖药材的山货帮和卖布匹、皮革的皮头帮体面，做酱油的家庭式作坊散落在各街道，没有门市，用竹筒称斤两做交易，被当地人蔑称为“窝点”。黄花园酱油落户重庆后，一方面冲击了原来的家庭式作坊，一方面也拯救了被人瞧不起的酱油酿造业。黄花园酱油厂有独立厂房，设备先进，管理严格，生产出的酱油很快打开了市场。小作坊主纷纷放弃原来的酿造生意，做起了走街串巷卖黄花园酱油的生意，一声声“黄花园酱油来了”将黄花园的名字传播到山城的家家户户。

后来，黄花园酱油厂经过公私合营、私有化改制等股份重组，成为今天的黄花园公司。虽然机构在变，但酱油的味道不变。曾有人称赞黄花园酱油：“借来琥珀色，分得兰桂香，调和珍馐味，此物最擅长。”这是对飘香重庆 80 余年的黄花园酱油最好的评价！

涪陵榨菜和永川豆豉

涪陵榨菜的发明者叫邱寿安。他在宜昌做买卖。某次邱寿安到涪州（今重庆涪陵区）城西的洗墨溪进货，发现当地人用青菜头腌制泡菜，做法独特。他品尝过后眼前一亮，发现了其中的巨大商机。邱寿安用压豆腐的木箱将青菜头脱水，以延长保质期，并取名『榨菜』，然后运了几箱到宜昌请人品尝，客人们尝了后都说好吃。

于是，邱寿安在涪陵买地置产，专门做起了榨菜生意。很快，榨菜广销各地，甚至传到了南洋，榨菜的制作方法也传播开来，涪陵因榨菜而名扬海内外。

据说永川豆豉的发明者是明朝末年永川的一位崔姓女子。崔氏与丈夫在永川城东跳石河边开小饭店。一天，崔氏在店里蒸黄豆，黄豆刚刚起锅，就有乱兵从城中经过，崔氏怕出事，就把黄豆捞出，倒在后院的柴草下，和孩子们从后门逃走。半个月后，崔氏回到小饭店，看见后院柴草下的黄豆都变成了黑乎乎、生霉发酵的『毛霉豆』。崔氏觉得扔了可惜，就捡出『毛霉豆』洗净加盐装在坛子里，留着以后佐菜下饭用。

涪陵榨菜和永川豆豉

榨菜是一种没有地域之分的佐餐佳品，中国人都爱吃，其中以涪陵榨菜最为有名。今天的“涪陵榨菜”已经成为原产地商标，并且与德国甜酸甘蓝、欧洲酱黄瓜并称为“世界三大酱腌名菜”。

涪陵榨菜的发明者叫邱寿安。据说，他在宜昌做买卖。某次邱寿安到涪州（今重庆涪陵区）城西的洗墨溪进货，发现当地人用青菜头腌制泡菜，做法独特。他品尝过后眼前一亮，发现了其中的巨大商机。邱寿安用压豆腐的木箱将青菜头脱水，以延长保质期，并取名“榨菜”，然后运了几箱到宜昌请人品尝，客人们尝了后都说好吃。于是，邱寿安在涪陵买地置产，专门做起了榨菜生意。很快，榨菜广销各地，甚至传到了南洋，榨菜的制作方法也传播开来，涪陵因榨菜而名扬海内外。

豆豉是传统发酵豆制品，始创于中国，古代名为“幽菽”。重庆的永川区因豆豉而闻名，被誉为“豆豉之乡”，这里生产的永川豆豉香气浓郁、营养丰富。

据说永川豆豉的发明者是明朝末年永川的一位崔姓女子。崔氏与丈夫在永川城东跳石河边开小饭店，一天，崔氏在店里蒸黄豆，黄豆刚刚起锅，就有乱兵从城中经过，崔氏怕出事，就把黄豆捞出，倒在后院的柴草下，和孩子们从后门逃走。半个月后，崔氏回到小饭店，看见后院柴草下的黄豆都变成了黑乎乎、生霉发酵的“毛霉豆”。崔氏觉得扔了可惜，就捡出“毛霉豆”洗净加盐装在坛子里，留着以后佐菜下饭用。

没想到“毛霉豆”放了几个月居然味道鲜美可口。有行脚商人闻香而来，尝过之后赞不绝口，问崔氏这是什么美味，崔氏觉得叫“毛霉豆”太土，便叫它“豆齿”，商人以为是“豆豉”，便边行商边宣传永川豆豉，于是，成就了永川豆豉今日的美名。

重庆八大碗，八仙一人一碗

老重庆人可能还会记得这样的情景：一张八仙桌，8个人分长幼尊卑坐好，满怀期待地等8只大碗上齐，然后大家大快朵颐地享受着『八大碗』的美味。老重庆『八大碗』在当今宴会中已不多见了，但在过去，无论婚丧嫁娶，都是席面上的标准配置。而且，据说这『八大碗』与八仙有关，是仙家美食。

老人们说『八大碗』好吃，一是量大，感觉怎么吃也吃不完，这样才能吃得痛快；二是人多，不凑够8个人不开席，人多热闹、气氛好。而年轻人们为『八大碗』加了第三点——『壮观』，8道菜齐了后，只见碗，不见桌。

重庆八大碗，八仙一人一碗

老重庆人可能还会记得这样的情景：一张八仙桌，8个人分长幼尊卑坐好，满怀期待地等8只大碗上齐，然后大快朵颐地享受“八大碗”的美味。老重庆“八大碗”在当今宴会中已不多见了，但在过去，无论婚丧嫁娶，都是席面上的标准配置。而且，据说这“八大碗”与八仙有关，是仙家美食。

相传八仙过海之时，因各仙渡海之物都是仙家法器，所以八仙虽然是在海面渡海，却扰乱了海底龙宫的平静。龙王一怒之下，率领虾兵蟹将出海与八仙动起手来。当时八仙还未渡海成功，只是半仙之体，与龙王打斗时间一长，就感觉腹中饥饿，无心作战。八人退回岸上后，曹国舅提议先寻找些食物填饱肚子，再商议如何对付龙王。于是，曹国舅驾云巡游，来到重庆山村内，看到几个人正围着一张石桌，桌上放着8碗菜肴。曹国舅心系其他仙友，于是略施法术将菜肴带走，留下一张纸条：“国舅为众仙借菜八碗，日后定当图报。”八仙一人一碗菜填饱肚子之后，列八仙阵赢了龙王，顺利过海。后来，曹国舅带众仙回村感谢百姓，而且言而有信，每人变出一只奇大无比的碗，内盛一道美味佳肴，称“八大碗”。后人为纪念此事，也为沾些仙气，后来皆用八仙桌，每桌坐八人代表八仙，齐享“八大碗”美味。

老人们说“八大碗”好吃，一是量大，感觉怎么吃也吃不完，这样才能吃得痛快；二是人多，不凑够8个人不开席，人多热闹、气氛好。而年轻人们为“八大碗”加了第三点——“壮观”，8道菜上齐了后，只见碗，不见桌。

小贴士：

八大碗是哪8道菜（说法之一）

八大碗的做法有粗细之分：

细八大碗指：熘鱼片、烩虾仁、全家福、桂花鱼骨、烩滑鱼、氽肉丝、氽大丸子、松肉。

粗八大碗有：炒青虾仁、烩鸡丝、全炖蛋羹蟹黄、海参丸子、元宝肉、清汤鸡、拆烩鸡、家常烧鲤鱼。

你肯定吃过的重庆零食

合川桃片始创于清朝光绪年间，是正宗的百年老味道。桃片是用上等糯米、核桃仁、白砂糖、蜜玫瑰等原料精制而成，甜而不腻，以『同德福京果铺』的桃片最为有名。在1917年的巴拿马万国博览会上，合川桃片获金质奖，产品质量得到国内外的广泛认可。新中国成立初期，合川桃片是要凭粮票购买的，一斤桃片4角8分钱。那个时候，能吃上一回合川桃片是孩子们最值得炫耀的事。

另外一种甜食——米花糖也是孩子们的最爱。

米花糖的前身是广西地区的炒米糖。1917年，在江津县经营太和斋糖果铺的陈汉卿、陈丽泉兄弟，在斑竹巷设立作坊，改良了炒米糖，又加入桃仁、花生、冰糖、芝麻等辅料，创造了油酥米花糖这一新食品。此后，江津米花糖成为名食。

你肯定吃过的重庆零食

重庆人会吃，比如火锅，外地人到重庆多数为吃地道的火锅而来。但除了辣，重庆街头还有别的味道，比如合川桃片、江津米花糖和怪味胡豆，这些零食你肯定吃过。

合川桃片始创于清朝光绪年间，是正宗的百年老味道。桃片是用上等糯米、核桃仁、白砂糖、蜜玫瑰等原料精制而成，甜而不腻，以“同德福京果铺”的桃片最为有名。在1917年的巴拿马万国博览会上，合川桃片获金质奖，产品质量得到国内外的广泛认可。新中国成立初期，合川桃片是要凭粮票购买的，一斤桃片4角8分钱。那个时候，能吃上一回合川桃片是孩子们最值得炫耀的事。

另外一种甜食——米花糖也是孩子们的最爱。米花糖的前身是广西地区的炒米糖。1917年，在江津县经营太和斋糖杂铺的陈汉卿、陈丽泉兄弟，在斑竹巷设立作坊，改良了炒米糖，又加入桃仁、花生、冰糖、芝麻等辅料，创造了油酥米花糖这一新食品。此后，江津米花糖成为名食。

合川桃片和江津米花糖都以“甜”为卖点，但有一种零食独辟蹊径，以“怪”为卖点，那就是怪味胡豆。它集香、甜、麻、辣、咸于一体，外加口感酥脆，不只孩子喜欢吃，大人也爱买两袋解解馋。怪味胡豆长得丑，却被不少大人物青睐。据说，1965年的时候，柬埔寨前国王西哈努克到重庆，周恩来总理就请他吃了一盘怪味胡豆。西哈努克不但嘴里连夸好吃，还悄悄抓了一把揣在兜里。周总理看他喜欢，送别的时候就送了他几袋当礼物，西哈努克欢喜地拿它回去孝敬母亲了。

重庆还有很多零食，有陈昌银麻花、巫山张氏三糕、宋大妈豆干、沙坪坝牛皮糖、秀山绿豆粉丝和酉阳板栗糕等，都等着“吃货”们去领回家呢！

小贴士：

怪味胡豆落户台湾地区

台湾地区本没有胡豆。据说，台湾地区的胡豆是一个叫黄开基的人从重庆永川带过去的。

黄开基到台湾府任知县时，当地乡绅设宴为他接风洗尘。有人端来一盘胡豆，刚好只有8颗。黄开基吃完了盘里的8颗胡豆，乡绅们都很吃惊。原来当时胡豆在台湾等同人参，有“胡参”和“胡珍”之称。一桌8颗胡豆，每人仅能分得1颗。后来，黄开基就命人回家乡重庆永川收购胡豆，运来一船胡豆种。永川胡豆从此便在台湾地区生根发芽，开花结果。

茶香重庆

茶，在重庆有3000多年的历史，世界上公认的说法是茶叶发源于云贵川交界地带，重庆恰好就在其中。因此说从有了茶叶开始，重庆上空就飘起了缕缕茶香。重庆气候温和湿润，年降水量丰富，是非常适宜茶叶生长的地区。由于地势特殊，海拔高度差大，重庆有的茶叶比其他地区早一个月就可以采摘，茶叶生意自然蒸蒸日上。

重庆还有一些『非茶之茶』。比如『老鹰茶』，就是当地一种樟科木本植物的叶子，嫩叶煎煮后可以当茶饮，消暑解渴。『杜仲茶』则是用杜仲的叶子制成的茶叶，有护肝补肾的作用。重庆茶叶种类这么多，还不够吸引爱茶之人前往一探究竟吗？

茶香重庆

茶，在重庆有3000多年的历史。世界上公认的说法是茶叶发源于云贵川交界地带，重庆恰好就在其中。因此说从有了茶叶开始，重庆上空就飘起了缕缕茶香。重庆气候温和湿润，年降水量丰富，是非常适宜茶叶生长的地区。由于地势特殊，海拔高度差大，重庆有的茶叶比其他地区早一个月就可以采摘，茶叶生意自然蒸蒸日上。

重庆出过很多贡茶，比如产于开州区敦好镇龙珠村的龙珠茶就是贡茶；产于城口县鸡鸣乡的鸡鸣茶是清代贡茶；南北朝时期的贡茶"巴东真香茗"是产于奉节茅田茶场的夔州真茗；等等。目前，重庆出产茶叶60多种，除了永川的茶山竹海，重庆各县区几乎都有茶叶出产，种类各不相同。

重庆的针形绿茶是当地名优产品，有永川秀芽、巴南银针、太白银针等。每年春分之后，永川茶山竹海就会迎来采茶的高峰期。茶山，又叫"箕山"，据说是诸葛亮命名的，被称为"中国第一隐山"，永川秀芽就产于茶山南麓。

重庆人喜欢喝绿茶，除了以上几种，大足松茗茶、宝顶苦丁茶和缙云毛峰等品类也很受人们欢迎。重庆有几处专门的茶叶批发市场，是本地茶商和外地茶商交易的平台。有一张《重庆茶文化地图》在当地很畅销，上面画出了整个重庆出产珍贵茶叶的产地。重庆也产红茶，但主要销往东欧、南非，是全国最大的红茶出口基地。

重庆还有一些"非茶之茶"。比如"老鹰茶"，就是当地一种樟科木本植物的叶子，嫩叶煎煮后可以当茶饮，消暑解渴。"杜仲茶"则是用杜仲的叶子制成的茶叶，有护肝补肾的作用。重庆茶叶种类这么多，还不够吸引爱茶之人前往一探究竟吗？

小贴士：

重庆"十大名茶"

巴南银针、滴翠剑名、永川秀芽、金佛玉翠、龙珠翠玉、渝州碧螺春、珠兰花茶、天岗玉叶、西农花茶、渝云贡芽。

摩托车上的重庆

重庆美女多，火锅店多，摩托车也多。很多重庆人在还不会骑摩托车的时候，就已经见过不少摩托车的品牌——嘉陵、宗申、力帆等，这些无一例外都是重庆当地著名的摩托车生产企业。

重庆的地势很奇怪，有人甚至给重庆冠上『奇葩』的名头。重庆平地少，楼房都是依山而建，如果你住在10楼，发现窗外有人影晃荡，别害怕，外面不是在拍鬼片，也不是有蜘蛛侠，只是行人刚好路过而已。在重庆，1楼可以进楼，10楼可以进楼，20楼也可以进楼，只要在山上设置好出口就行。重庆的路坡多且陡，底盘低的私家轿车很可能会半路抛锚，因此很多人选择骑马力大的摩托车，这样上山下坡都很方便。

摩托车上的重庆

重庆美女多，火锅店多，摩托车也多。很多重庆人在还不会骑摩托车的时候，就已经见过不少摩托车的品牌——嘉陵、宗申、力帆等，这些无一例外都是重庆当地著名的摩托车生产企业。那么，一个问题出现了：为什么重庆有这么多摩托车生产企业呢？

重庆的地势很奇怪，有人甚至给重庆冠上“奇葩”的名头。重庆平地少，楼房都是依山而建，如果你住在 10 楼，发现窗外有人影晃荡，别害怕，外面不是在拍鬼片，也不是有蜘蛛侠，只是行人刚好路过而已。在重庆，1 楼可以进楼，10 楼可以进楼，20 楼也可以进楼，只要在山上设置好出口就行。重庆的路坡多且陡，底盘低的私家轿车很可能会半路抛锚，因此很多人选择骑马力大的摩托车，这样上山下坡都很方便。

改革开放初期，中国基本没有独立生产民用摩托车的能力。重庆嘉陵机器厂组团赴日本考察，参观了本田、雅马哈的工厂，回到国内后组建了摩托车研究所。1979 年国庆节，5 辆嘉陵 CJ50 型摩托车在天安门广场绕场骑行，引起极大轰动，中国终于有了自己生产的民用摩托车。摩托车生产企业逐渐在重庆遍地开花，越来越多的人扔掉自行车，买一辆自己国家生产的摩托车，骑出去拉风，又支持了本土企业。后来，重庆生产的摩托车越来越多，就开始销往全国和国外，摩托车产业竟然成了重庆支柱产业之一。

在重庆，开私家车出行不令人羡慕，这是个“坐车没得走路快”的城市，有些地方私家车上不去，但摩托车上得去；私家车开不过去的巷子，摩托车钻得进。要是你具有以下两项技能，到重庆就可以生活得很惬意：能吃辣、会骑摩托车。这就是摩托车上的城市——重庆！

巴人的四大驰名品牌

美酒典范『巴乡酒』。南朝宋的盛弘之写过一本《荆州记》，其中记载：『南乡峡西八十里有巴乡村，善酿酒，俗语称巴乡酒。』巴乡酒究竟味道如何？《华阳国志·巴志》里也写道：『野惟阜丘，彼稷多有，嘉谷旨酒，可以养母。』『旨酒』即指巴乡酒，而『旨酒』就是美酒之意。由此可见，巴乡酒即是美酒的代名词。

勇士所求『柳叶剑』。柳叶剑即巴族武者的标志性武器，长约40厘米，雄浑宽厚却不失锋利，剑身常有象形图纹且有血槽。柳叶剑与楚剑、秦剑相比较短，更利于近身搏斗。古时兵器难得，柳叶剑是不少武者、勇士梦寐以求的利器。

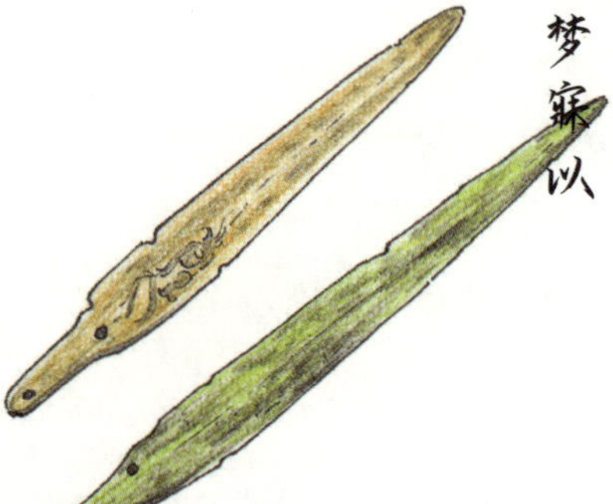

巴人的四大驰名品牌

重庆人会吃，懂酒，更喜欢把生活过得自在。正因如此，重庆人将饮食和生活打理得格外出色，当地特产也广受游人喜爱。其实，重庆人的祖先巴族人就是如此，昔日的巴乡酒、堕林粉、黄润布和柳叶剑就是当年巴蜀之地闻名于世的四大驰名品牌。

美酒典范“巴乡酒”。

南朝宋的盛弘之写过一本《荆州记》，其中记载：“南乡峡西八十里有巴乡村，善酿酒，俗称称巴乡酒。”巴乡酒究竟味道如何？《华阳国志·巴志》里也写道：“野惟阜丘，彼稷多有，嘉谷旨酒，可以养母。”“旨酒”即指巴乡酒，而“旨酒”就是美酒之意。由此可见，巴乡酒即是美酒的代名词。

原始面膜“堕林粉”。

古时江北种植的“御米”是指定进贡给皇帝的食品，而巴族人将其磨成粉，加入辅料与泉水调和后用于敷面。在当时该粉闻名天下，远销四方。

昔日绸缎“黄润布”。

有人说“穿衣穿缎子，吃肉吃腱子”。古时巴渝地区的“黄润布”因品质优良，被列为贡品，当地百姓甚至可以用其直接折抵赋税，其珍贵程度与后来的绸缎不相伯仲。

勇士所求“柳叶剑”。

柳叶剑即巴族武者的标志性武器，长约 40 厘米，雄浑宽厚却不失锋利，剑身常有象形图纹且常有血槽。柳叶剑与楚剑、秦剑相比较短，更利于近身搏斗。古时兵器难得，柳叶剑是不少武者、勇士梦寐以求的利器。

虽然历史中记载的巴渝名品在当下不易找寻，但如今的山城特产依然得到了无数游人的青睐。俗话说“一方水土养育一方人”，一方人也倾注感情打造一方特色物品，用之回馈这一方水土。

美轮美奂的重庆工艺品

合川峡砚又称『墨玉宝砚』或『钓鱼城峡砚』，是用钓鱼城下嘉陵江沥鼻峡段的天然峡石精雕细琢而成，是『巴渝三大名砚』之首。合川峡砚石质细腻，色泽灰黑，造型优美，雕刻精巧。明代合州人吏部尚书李实用曾题诗赞峡砚：『峡畔茅屋僻，巧工凿石盘。启墨龙云舞，运笔虎椤悬。石腻堪如玉，工艺圣手传。贵似翰家客，四宝居一员。』

重庆梁平县生产的竹帘画早在北宋年间就被列为皇家贡品，有『天下第一帘』之称。梁平竹帘画用当地盛产的慈竹为原料，结合书画、刺绣、植绒等手法制作的挂帘和屏风美观大方，通风透气，可谓馈赠佳品。

重庆丰都除了因『鬼城』而闻名，生产的叶脉画也独具一格。叶脉画的历史可追溯到东汉时期的贝叶画。在一片经过加工的叶子上，绘有历史人物、山水风景、地方风俗，可谓巧夺天工，制作之精巧令人惊叹。

美轮美奂的重庆工艺品

重庆是一座有独特魅力的城市。它包罗万象，既容纳了各民族人民在此交融，也欣然接受人们赠予的礼物，有绣品、漆器、木雕、竹帘画、叶脉画等。各种各样的礼品在重庆的店铺里竞相亮相，只有你没见过的，没有你不喜欢的。

重庆大足县生产的大足龙水刀是当地三宝之一，与北京王麻子、杭州张小泉剪刀齐名。

合川峡砚又称“墨玉宝砚”或“钓鱼城峡砚”，是用钓鱼城下嘉陵江沥鼻峡段的天然峡石精雕细琢而成，是“巴渝三大名砚”之首，其他两种分别是金音石砚和夔砚。合川峡砚石质细腻，色泽灰黑，造型优美，雕刻精巧。明代合州人吏部尚书李实用曾题诗赞峡砚：“峡畔茅屋僻，巧工凿石盘。启墨龙云舞，运笔虎榜悬。石腻堪如玉，工艺圣手传。贵似翰家客，四宝居一员。”

重庆梁平县生产的竹帘画早在北宋年间就被列为皇家贡品，有“天下第一帘”之称。梁平竹帘画用当地盛产的慈竹为原料，结合书画、刺绣、植绒等手法制作的挂帘和屏风美观大方，通风透气，可谓馈赠佳品。

重庆丰都除了因“鬼城”而闻名，生产的叶脉画也独具一格。叶脉画的历史可追溯到东汉时期的贝叶画。在一片经过加工的叶子上，绘有历史人物、山水风景、地方风俗，可谓巧夺天工，制作之精巧令人惊叹。

另外，綦江农民版画、铜梁龙灯、荣昌折扇、梁平木版年画、大足竹编和垫江角雕等也是当地有名的工艺品。

第五章

重庆情趣

巴人巴语

巴者，蛇也。相传最早生活在重庆这片土地上的就是巴族人。巴族人敬畏蛇，供奉蛇。家家户户几乎是见蛇欣喜，无蛇而愁，甚至还发明了『抢蛇蛋』的对抗游戏，如今重庆很多地方的孩子依然以此游戏为乐。据猜测，正是因为古时巴族人如此崇尚蛇，所以他们可能在笔录事件时，写完重要部分后，会以蛇形符号作为结尾。比如，巴族人写下『某某某盐』后，画一个蛇的符号结尾，而后人在阅读翻译时，就将其翻译成『某某某盐巴』，口耳相传的时候也会加上『巴』字，久而久之，『巴』成了重庆人统一的口头语。这很可能就是『巴人巴语』的来源。

风靡一时的重庆言子儿

雄起

这似乎是流传最广的重庆言子儿，同样是给对方加油，但『雄起』两个字无疑更生猛、更硬气、更带劲！『雄起』一词据说最早出现在重庆市井生活之中。当夫妻二人吵架，丈夫处于下风时，四邻就起哄大喊『雄起』，意为让丈夫还嘴反击。也许是因为『雄起』二字太适合给人加油喝彩，所以很快被无数人传播使用。

洗白

重庆话里的『洗白』不是洗澡的意思，却又和『干净』脱不开关系。『洗白』的内在含义是『彻底』，比如逛商场，兜里的钱花得一分不剩，你就可以说『洗白』；又如上场打球，自己一分没得，被对手彻底击败，你也可以说自己被『洗白』了。

巴人巴语

重庆简称“巴”或“渝”，“巴”要更古老一些，可追溯到夏商时代的巴国文明，因而“巴”字也成为重庆人口头禅里一个十分特别的字眼。重庆人称盐为“盐巴”、称牙为“牙巴”、称饼为“巴巴”，称办事利落为“巴适”……因此不少外地人说重庆是“巴人巴语”。那么，这个“巴”字的出处又是哪里呢？

巴者，蛇也。相传最早生活在重庆这片土地上的就是巴族人。巴族人敬畏蛇，供奉蛇。家家户户几乎是见蛇欣喜，无蛇而愁，甚至还发明了“抢蛇蛋”的对抗游戏，如今重庆很多地方的孩子依然以此游戏为乐。据猜测，正是因为古时巴族人如此崇尚蛇，所以他们可能在笔录事件时，写完重要部分后，会以蛇形符号作为结尾。比如，巴族人写下“某某盐”后，画一个蛇的符号结尾，而后人在阅读翻译时，就会将其翻译成“某某盐巴”，口耳相传的时候也会加上“巴”字，久而久之，“巴”成了重庆人统一的口头语。这很可能就是“巴人巴语”的来源。

《说文解字》中写道：“巴，虫也，或曰食象蛇。”巴族人自古勇猛，重庆人胆气非常，当真是巴族后人，如同一条能吃掉大象的蛇，面对任何困难都不会害怕退缩。

小贴士：

“蛇抱蛋”怎么玩？

在地上画一个直径约2米的圆圈，将1～3个沙包放在圆圈的中央，是为“蛇蛋”。一个孩子当蛇妈妈，四肢撑在圆圈内保护“蛇蛋”，不时飞出“旋风腿”打击偷蛋人。其他小伙伴盯着“蛇妈妈”和地上的“蛇蛋”，瞅准机会去抢“蛇蛋”。后者如果抢到“蛇蛋”，而且没有被击打到身体的任何一个部位，就算胜利。

风靡一时的重庆言子儿

“对头”“要得”“逗是”“朗个”……在重庆街头巷尾的日常对话中，充满了这些极具巴渝特色的词语，当地人称之为“重庆言子儿”。言子儿在重庆人的耳朵里习以为常，却引起不少外地人模仿的兴趣，以“雄起”为代表，曾在全国风靡一时。这里细数些许“重庆言子儿”，也是帮你了解重庆的一种方式。

雄起

这似乎是流传最广的重庆言子儿，同样是给对方加油，但“雄起”两个字无疑更生猛、更硬气、更带劲！“雄起”一词据说最早出现在重庆市井生活之中。当夫妻二人吵架，丈夫处于下风时，四邻就起哄大喊“雄起”，意为让丈夫还嘴反击。也许是因为“雄起”二字太适合给人加油喝彩，所以很快被无数人传播使用。

落教

“落教”并不是什么教派，而是形容一个人厚道、仗义，最重要的一点是不难为别人。其实“落教”最初为“落轿”。据说曾有一位女子出嫁时在花轿上突然内急，但根据当地习俗，花轿到新郎家之前落轿不吉利。此时新娘已经腹痛得开始哀号，两个轿夫心软之下，故意走到一处僻静的地方落轿，新娘这才得以方便。之后，两家人不仅没怪罪轿夫，还以“落轿”之事来称赞其为人厚道。

洗白

重庆话里的“洗白”不是洗澡的意思，却又和“干净”脱不开关系。“洗白”的内在含义是“彻底”，比如逛商场，兜里的钱花得一分不剩，你就可以说“洗白”；又如上场打球，自己一分没得，被对手彻底击败，你也可以说自己被“洗白”了。

打望

字面意思为“打量着观望”，即“发乎情而止乎望”，实则就是在大街上看美女帅哥。重庆最著名的“打望胜地”是解放碑一带的商圈，据说在此“打望”

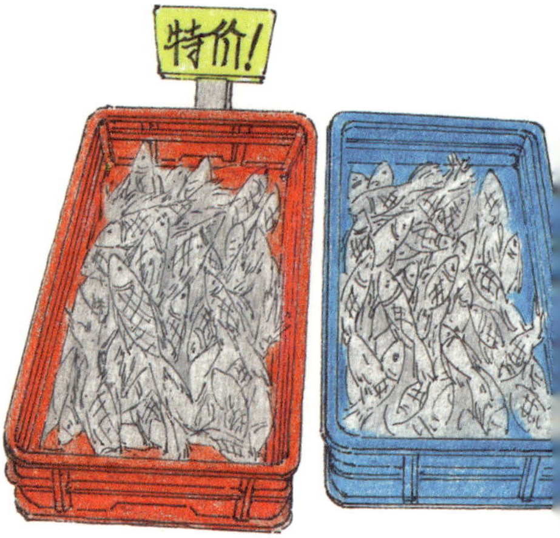

大阳沟的鲫壳
↓
“死的多活的少”

大阳沟的鲫壳——死的多，活的少

这一言子儿是歇后语，极具重庆特色。大阳沟在老重庆人的心中可是地位非凡，这里曾经是重庆最大的农贸市场，其中让人印象最深刻的就是卖鱼的摊子。由于缺氧，大盆里的鱼多数撑不过半天，老重庆人就是冲着刚刚翻肚皮的鱼去的，不但价格便宜，而且拿回家处理后就和现杀的一样。时间一长，重庆人就用『大阳沟的鲫壳』来形容死的多，活的少。

猫抓糍粑——脱不了爪爪

同样是歇后语的形式，这句『猫抓糍粑』就更生动了。糍粑是重庆江津的特色小吃，香甜软糯，十分美味。当地不少人家里养猫，每次做完糍粑，猫都会偷吃。为了防止糍粑被空气风干，当地人往往会在糍粑上撒一些糯米粉，因此只要猫偷吃，爪子上就会沾到糯米粉。由此，重庆人以这样的言子儿来提醒别人『不要做坏事，否则一定会留下痕迹，最终被抓到』。

猫抓糍粑
↓
“脱不了爪爪”

的人通常手里会端着一份小吃。有人向当地人问此举缘由，说是因为怕看到美女帅哥流口水，所以用手里盛小吃的碗接着，否则就太丢人了。现在，“打望”一词也有探察的意思——“让我去打望打望，看看怎么回事”。

宝器

走在重庆繁华的街道上，你若是听到身边有人喊“看那宝器哟”，循声望去，宝物是没有的，但一定是有趣事发生了。重庆话中“宝器”指的是耍宝的人，当一个人爱逞威风、耍大牌、搞事情，就会被人称为“宝器”。这个词在重庆非常实用，因为它略带一点儿讽刺，但又不伤人，只是为了提点对方要收敛一些，表达了说话人的一番好意。

大阳沟的鲫壳——死的多，活的少

这一言子儿是歇后语，极具重庆特色。大阳沟在老重庆人的心中可是地位非凡，这里曾经是重庆最大的农贸市场，其中让人印象最深刻的就是卖鱼的摊子。由于缺氧，大盆里的鱼多数撑不过半天，老重庆人就是冲着刚刚翻肚皮的鱼去的，不但价格便宜，而且拿回家处理后就和现杀的一样。时间一长，重庆人就用“大阳沟的鲫壳”来形容死的多，活的少。

猫抓糍粑——脱不了爪爪

同样是歇后语的形式，这句“猫抓糍粑”就更生动了。糍粑是重庆江津的特色小吃，香甜软糯，十分美味。当地不少人家里养猫，每次做完糍粑，猫都会偷吃。为了防止糍粑被空气风干，当地人往往会在糍粑上撒一些糯米粉，因此只要猫偷吃，爪子上就会沾到糯米粉。由此，重庆人以这样的言子儿来提醒别人“不要做坏事，否则一定会留下痕迹，最终被抓到”。

重庆言子儿数不胜数，多得能写一本书，甚至有人说能做一本《重庆言子儿词典》。方言是一个地方文化的最佳体现，因为它们源自当地百姓的生活，而生活正是文化的根本载体，在重庆，每一个言子儿几乎都能体现这一点。

重庆地名接地气

地形地貌类

重庆是山城，最不缺的就是山。有山就有岩，因此曾家岩、马家岩、观音岩、高滩岩、华岩、红岩等『岩』字辈儿地名就多了起来；山地高低起伏，因此就有九龙坡、松林坡、石板坡、矿山坡这些『坡』字辈儿的地名；重庆人管山中平地叫『坝』，因此德感坝、夏坝、冬笋坝、珊瑚坝这些『坝』字辈儿的地名又出来了；有些周边被河谷切割，边坡呈阶梯状，顶面起伏和缓的高地被称为『坪』，因此重庆杨家坪、陈家坪、黄桷坪、马王坪这些『坪』字辈儿的地名也是一找一大串。

重庆地名接地气

虽然重庆历史悠久，但在近代以前，重庆市区仅限于现在的渝中区一带，附近都是乡村。而渝中地区虽然繁华，也是因为码头而兴，所以渝中区聚集着大量码头工人。村民、码头工人说话通俗，因此取名也简单明了，这就使得重庆地名非常接地气。如果细分，重庆主城区域的地名大致可被分为以下几类：

动物类

重庆市区有很多关于“鹅”的地名，比如鹅岭。其原因在于渝中半岛看起来像一只天鹅：朝天门是天鹅扁平的喙，枇杷山是隆起的鹅头，半岛后半部伸延至沙坪坝、大坪一带是天鹅的身子，被两江隔开的江北和南岸则是天鹅展开的双翅。

重庆还有一个叫“鱼洞”的地方。这并不是因为这个地方的轮廓像鱼洞，而是因为这里有一片底部有洞的岩石。由于鱼群喜欢藏于其中，当地人就称附近为鱼洞。

植物类

比如李子坝得名是因为以前这里有一片茂密的李子林。菜园坝则是因为以前这里菜地众多。

地形地貌类

重庆是山城，最不缺的就是山。有山就有岩，因此曾家岩、马家岩、观音岩、高滩岩、华岩、红岩等“岩”字辈儿地名就多了起来；山地高低起伏，因此就有九龙坡、松林坡、石板坡、矿山坡这些“坡”字辈儿的地名；重庆人管山中平地叫“坝”，因此德感坝、夏坝、冬笋坝、珊瑚坝这些“坝”字辈儿的地名又出来了；有些周边被河谷切割，边坡呈阶梯状，顶面起伏和缓的高地被称为“坪”，因此重庆杨家坪、陈家坪、黄桷坪、马王坪这些“坪”字辈儿的地名也是一找一大串。

河水相关类

重庆市区有嘉陵江和长江两江经过，所以关于河水的地名也很多。比如大渡口，是因为明清时期，一个在长江以北设义渡的士绅觉得附近有多个渡口，而大渡口是沿江数十里最大、人气最旺的，因而得名。

人名类

重庆以人名命名的路也比较多。比如中山路，原分段名为七星岗、黄家垭口、观音岩、上罗家湾、养花溪、三益村、上清寺等。后来人们为了纪念孙中山先生，就将这几条路改名为中山一路、中山二路、中山三路、中山四路……统称中山路。

河水相关类

重庆市区有嘉陵江和长江两江经过，所以关于河水的地名也很多。比如大渡口，是因为明清时期，一个在长江以北设义渡的士绅觉得附近有多个渡口，而大渡口是沿江数十里最大、人气最旺的，因而得名。

人名类

重庆以人名命名的路也比较多。比如中山路，原分段名为七星岗、黄家垭口、观音岩、上罗家湾、养花溪、三益村、上清寺等。后来人们为了纪念孙中山先生，就将这几条路改名为中山一路、中山二路、中山三路、中山四路……统称中山路。

姓氏类

古时重庆城内一些世家大族家财万贯，成为著名的“地标”，因而这些世家大族附近的街道便以其姓而名。比如曹家巷，就是以当年的曹姓大家族命名的。还有一些以姓氏命名的地方，则是因为“湖广填四川”。清初，清政府为了吸引外地人来重庆，规定移民迁移到重庆后，只要在选中的荒地上插上一圈竹竿围起来，竹圈之内的田产就归其所有。很多人“插占为业”之后，后代在此繁衍，因而形成杨家坪、肖家湾、冉家坝、郭家沱这样的地名。

商号类

比如木货街，就因为这里原来是老重庆木器、竹器的集散地而得名。

官署类

官署类地名的代表是天官府。天官府是明朝宣宗皇帝赐给重庆籍吏部尚书蹇义的宅第。因为蹇义名气大，所以附近的这条街便被命名为天官府街。

城市类

这类地名最多的当数北碚区了。北碚区的很多街道是以大城市的名字来命名的，比如辽宁路、吉林巷、黑龙江巷、广州路、南京路、天津路、上海路、北京路等。这是因为抗战时期，北碚区区长卢子英为铭记国耻，每失陷一个城市，就以这个城市的名字命名一条街道。

数字类

在重庆地铁3号线上，有一长串以『×公里』的形式报出的站名。它们源于20世纪20年代末修筑的川黔公路。当时，这条公路的起点是南岸海棠溪河边码头，终点为贵州贵阳。按照公路建设规范要求，公路上每公里都埋设了标有里程的公里碑。

当年川黔公路沿线人烟稀少，也无准确地名。国民政府迁都重庆后，随迁人员大批到来，川黔公路沿线居住的人越来越多。为了方便，大家就将居住地点附近的公里碑数字作为居民点的代称，因此就有了四公里、五公里、六公里、八公里、九公里这样的数字地名。

纪念类

重庆城区有条“五四路”。但它不是为了纪念1919年的五四运动，而是为纪念1939年“五三”“五四”日机大轰炸时被炸死的同胞，并警示后人永不忘记侵略者给重庆乃至全国人民带来的灾难。

传说类

弹子石以前叫“诞子石”，是依据传说而来的地名。相传当时大禹治水太忙，三过家门不入，妻子涂山氏在诞子石处等候，等候时间长了，竟然变成了一块石头。大禹治水归来，见妻子已经变成了石头，不禁潸然泪下。谁知那泪水滴到石头上，大禹之子——启从石头里生了出来。诞子石因此得名。

数字类

在重庆地铁3号线上，有一长串以“× 公里”的形式报出的站名。它们源于20世纪20年代末修筑的川黔公路。当时，这条公路的起点是南岸海棠溪河边码头，终点为贵州贵阳。按照公路建设规范要求，公路上每公里都埋设了标有里程的公里碑。

当年川黔公路沿线人烟稀少，也无准确地名。国民政府迁都重庆后，随迁人员大批到来，川黔公路沿线居住的人越来越多。为了方便，大家就将居住地点附近的公里碑数字作为居民点的代称。因此就有了四公里、五公里、六公里、八公里、九公里这样的数字地名。

小贴士：

1. 重庆地名部分分类

动物类	鹅岭、猫儿石、鲤鱼池等
植物类	李子坝、菜园坝、枇杷山等
地形地貌类	观音岩、高滩岩、华岩等
河水相关类	大渡口、石坪桥、新桥等
人名类	邹容路、沧白路、中山路等
姓氏类	曹家巷、肖家湾、袁家岗等
商号类	木货街、筷子街、打铜街等
官署类	官井巷、天官府、较场口等
城市类	辽宁路、吉林路、热河路等
纪念类	五四路、八一路等
传说类	弹子石、龙隐寺、龙隐镇等
数字类	一碗水、两路口、四公里等

2. 重庆地名歇后语

女菩萨看戏——观音桥（瞧）

心头起波浪——南坪（难平）

傻子当领导——佛图关（糊涂官）

黄桷树的重庆态度

1986年，黄桷树被正式确定为重庆市市树。

黄桷树本名『黄葛树』，中间这个『桷』字据说来源于重庆话。在重庆话里『葛』与『角』的读音都为『阁』，因此最初重庆人将这种树的名字写作『黄角树』。据说之后众人认为『树不应无木』，于是将『角』字改为『桷』，之后『黄桷树』三字沿用至今。此种说法虽无典籍可考，但从重庆话发音推测，也算合情合理。

黄桷树身上的重庆态度，要从黄桷树的三大特征来说。

一是渗透力强，黄桷树多生长于岩石之上。

二是适应能力强，黄桷树的根部会根据地形空隙形状而变形。

三是寿命长，黄桷树中的百龄大树比比皆是。

黄桷树的重庆态度

1986 年，黄桷树被正式确定为重庆市市树。这可不是因为黄桷树在重庆随处可见，而是因为黄桷树自古与重庆有着千丝万缕的关联。更重要的是，不少人认为从黄桷树的身上能看到重庆人甚至重庆的态度。

黄桷树本名“黄葛树”，中间这个“桷”字据说来源于重庆话。在重庆话里“葛”与“角”的读音都为“阁”，因此最初重庆人将这种树的名字写作“黄角树”。据说之后众人认为“树不应无木”，于是将“角”字改为“桷”，之后“黄桷树”三字沿用至今。此种说法虽无典籍可考，但从重庆话发音推测，也算合情合理。

黄桷树身上的重庆态度，要从黄桷树的三大特征来说。一是渗透力强，黄桷树多生长于岩石之上。重庆别名“山城”，百姓能够在山体之上建造城池，黄桷树则能够在岩壁之上生长，两者的坚韧精神非常相似。二是适应能力强，黄桷树的根部会根据地形空隙形状而变形。重庆人吃苦耐劳，在任何环境中都能通过调整状态从而生存扎根，这一点也与黄桷树很像。三是寿命长，黄桷树中的百龄大树比比皆是。重庆市的巴渝文化源远流长，似乎重庆市本身就是一棵生长在中国土地上的千年黄桷树。

漫步在重庆的街道上，你不难看到一棵棵支撑根垂落的黄桷树。这些黄桷树看着像一个个老者，静静地站着一言不发，其实，它们正用自己的方式展示着整个重庆的品质和魅力。

川剧趣闻

唐朝末年，川剧还叫『川戏』。当时，蜀中方镇（相当于省长）刘辟大肆搜刮，经常巧立名目征收苛捐杂税，搞得民不聊生。当地人敢怒不敢言，而川戏听众多，影响力大，人们便让优人（戏曲演员）将刘辟的恶行编成川戏《刘辟责买》，想通过川戏为百姓振臂疾呼。

后来刘辟叛唐，优人们觉得时机已经成熟，便公开演出，没想到的是，昏庸的朝廷以为这部讽刺刘辟的戏是在向朝廷挑衅，竟然派兵砸了场子，把优人抓起来鞭打一顿，充了军。朝廷的这一行为更激起了当地百姓的愤恨之情，为随后的反唐起义埋下了伏笔。

后唐时，川戏不仅受百姓欢迎，还受到皇帝青睐，后唐庄宗李存勖就是川戏迷。他不仅酷爱川戏，而且演技不错，还经常登台表演，甚至给自己取了个艺名『李天下』。

川剧趣闻

川剧不光四川有，重庆、贵州、云南等地区也有。川剧的历史久远，有人说，川剧的起源可以追溯到先秦乃至更早的时期。战国名篇《对楚王问》中有“其始曰《下里》《巴人》，国中属而和者数千人”。唐代出现了“蜀戏冠天下”的局面，那时候，川剧就已经拥有大批“粉丝”，影响甚广了。

唐朝末年，川剧还叫“川戏”。当时，蜀中方镇（相当于省长）刘辟大肆搜刮，经常巧立名目征收苛捐杂税，搞得民不聊生。当地人敢怒不敢言，而川戏听众多，影响力大，人们便让优人（戏曲演员）将刘辟的恶行编成川戏《刘辟责买》，想通过川戏为百姓振臂疾呼。但是，这一已排练得很熟练的戏曲，却一直没能得到上演的机会。

后来刘辟叛唐，优人们觉得时机已经成熟，便公开演出，没想到的是，昏庸的朝廷以为这部讽刺刘辟的戏是在向朝廷挑衅，竟然派兵砸了场子，把优人抓起来鞭打一顿，充了军。朝廷的这一行为更激起了当地百姓的愤恨之情，为随后的反唐起义埋下了伏笔。

后唐时，川戏不仅受百姓欢迎，还受到皇帝青睐，后唐庄宗李存勖（xù）就是川戏迷。他不仅酷爱川戏，而且演技不错，还经常登台表演，甚至给自己取了个艺名“李天下”。只不过李存勖没有把握好度，不仅让优人们随时出入宫廷，还允许他们干预朝政，朝廷好像成了优人的舞台，大臣们反而成了观众，以至后唐大将李嗣源发动叛乱时，李存勖只能率领一帮戏子拼命抵抗，最后一命呜呼。

小贴士：

川剧有两位祖师爷，一位是唐玄宗李隆基，另一位是后唐庄宗李存勖。

『滑竿』『棒棒』走山城

重庆有个行业很特别——抬滑竿。重庆多山，地势陡峭，经常要上上下下，于是滑竿生意异常火爆。久而久之，抬滑竿的轿夫就动起了小心思，把人抬到半山腰后，后面的轿夫会敲两下竹竿作为暗号，走在前面的轿夫心领神会，两人一起放下滑竿，开始向雇主诉说辛苦，雇主不想剩下的路靠两条腿走过去就只好给两人加钱。于是轿夫心满意足，重新抬起滑竿上路。当然，今天已经没有『敲竹杠』这种事了。

『滑竿』前行过程中，有时候会碰到『棒棒』，『棒棒』就是用一条木棒挑起两筐重物在山道上行走的脚夫，彼此打个招呼，『棒棒』会给『滑竿』让路，因为『滑竿』走得比较快。『棒棒』很辛苦，总是担负重物，腰背都有疾病。『棒棒』很老实，从不拿雇主的东西，即使雇主忘记，『棒棒』也会等着人来取。

“滑竿”“棒棒”走山城

有一个词——“敲竹杠”，意思是利用他人的弱点或找借口来索取财物或抬高价格。这个词的来源有几个说法，其中一个就诞生在山城重庆。

重庆有个行业很特别——抬滑竿。重庆多山，地势陡峭，经常要上上下下，于是滑竿生意异常火爆。久而久之，抬滑竿的轿夫就动起了小心思，把人抬到半山腰后，后面的轿夫会敲两下竹竿作为暗号，走在前面的轿夫心领神会，两人一起放下滑竿，开始向雇主诉说辛苦，雇主不想剩下的路靠两条腿走过去就只好给两人加钱。于是轿夫心满意足，重新抬起滑竿上路。当然，今天已经没有“敲竹杠”这种事了。

我国在 20 世纪收集的民谣中，有一类滑竿号子，是轿夫们抬滑竿时吆喝的报路号子。如“三块板板两条缝，专踩中间不踩缝”“上有一个坝，歇气好说话”“之字拐，两边甩”等，吆喝起来生动有趣，富有节奏，给单调的路途增加了不少乐趣。

“滑竿”前行过程中，有时候会碰到“棒棒”，“棒棒”就是用一条木棒挑起两筐重物在山道上行走的脚夫，彼此打个招呼，“棒棒”会给“滑竿”让路，因为“滑竿”走得比较快。“棒棒”很辛苦，总是担负重物，腰背都有疾病。“棒棒”很老实，从不拿雇主的东西，即使雇主忘记，“棒棒”也会等着人来取。

重庆人每天都会爬坡，一步一步脚踏实地，因此骨子里就有“爬坡精神”。这里没有沿海大城市的浮躁，虽然雾天多，经常看不真切，但重庆人很清楚自己要的是什么。

灵山十巫：盘古遗落在凡间的十根手指

灵山十巫的相貌在神话记载中颇有趣味。首先，虽说灵山十巫是盘古手指所化，但严格来说，应分别是每根手指的第一个指节，因此十巫分五对，不但外貌两两相似，而且性格爱好也与十指相关。巫咸、巫彭为拇指，体态上大腹便便，一副古时老员外的样子，酷爱收集金银珠宝；巫盼、巫罗为食指，体格健壮，喜爱美食；巫即、巫抵为中指，身高体长，精通武艺；巫礼、巫谢为无名指，书生意气，饱读诗词；巫姑、巫真是小指，娇小可爱，是两个喜欢美男的女子。十巫虽然各具特色，但由于是盘古肢体所化故而身负灵气，尤其擅长医术。根据《山海经》《搜神记》等古籍记载，十巫经常打赌比赛，一巫下山在巴渝等地寻找重伤或者染了怪病的人并将其带上灵山，其他几巫则一起施救，看谁能将伤者或病者治好。相传巴族人正是从灵山十巫手中学得医术和祈福之术，因师从十巫，故而将此术命名为巫术。这也是巫文化起源的说法之一。

灵山十巫：盘古遗落在凡间的十根手指

巴渝文化历史悠久，其中最古老的一脉莫过于巫文化，而巫文化中最古老的神话传说则是《山海经》所记载的灵山十巫。灵山十巫分别名为巫咸、巫彭、巫盼、巫罗、巫即、巫抵、巫礼、巫谢、巫姑、巫真。据说他们是开天辟地时盘古的十指所化，更是巴渝巫文化的起源。

灵山十巫的相貌在神话记载中颇有趣味。首先，虽说灵山十巫是盘古手指所化，但严格来说，应分别是每根手指的第一个指节，因此十巫分五对，不但外貌两两相似，而且性格爱好也与十指相关。巫咸、巫彭为拇指，体态上大腹便便，一副古时老员外的样子，酷爱收集金银珠宝；巫盼、巫罗为食指，体格健壮，喜爱美食；巫即、巫抵为中指，身高体长，精通武艺；巫礼、巫谢为无名指，书生意气，饱读诗词；巫姑、巫真是小指，娇小可爱，是两个喜欢美男的女子。十巫虽然各具特色，但由于是盘古肢体所化故而身负灵气，尤其擅长医术。根据《山海经》《搜神记》等古籍记载，十巫经常打赌比赛，一巫下山在巴渝等地寻找重伤或者染了怪病的人并将其带上灵山，其他几巫则一起施救，看谁能将伤者或病者治好。相传巴族人正是从灵山十巫手中学得医术和祈福之术，因师从十巫，故而将此术命名为巫术。这也是巫文化起源的说法之一。

在今人看来，巫文化一直带有一些奇幻的神秘色彩，即使是重庆不少博物馆和展览馆的工作人员也无法完全剖析其中奥秘。

《下里巴人》其实是广场舞曲

据记载，战国时期楚国的郢都举办了一场公开性质的歌唱演出，观众除了雅座之上的各国使臣名家，还有高台之下围观的无数百姓。演出开场的第一首曲子就是《下里》《巴人》，此曲一出，立刻引起了全场轰动。由于《下里》《巴人》讴歌的是百姓生活，无论是乐曲还是歌词都通俗易懂，因而在场聆听的百姓都产生了共鸣，甚至不少百姓还不自觉地跟着乐曲跳起舞来。就连高高在上的楚国国君和应邀而来的使臣也被这首曲子所震撼，此曲虽然曲调并无难度，唱词平凡无奇，但胜在朴实无华。《下里》《巴人》演唱完毕之后，紧接着演奏的是《阳阿》《薤露》，附和之人只有几十个达官显贵，老百姓中也只有一些文士乐者才能听懂；最后演唱的一曲即是《阳春》《白雪》，在场居然只有寥寥几人能够听懂其中妙处。当《阳春》《白雪》演唱完毕之后，演唱者望着众多聆听者茫然的眼神，只能暗叹俗者众而雅者稀，曲高而和者寡。

“下里巴人”其实是广场舞曲

人们常用“下里巴人”与“阳春白雪”来形容“俗”与“雅”，但你若将“下里巴人”误以为是贬义，就有失公允了。其实“下里巴人”是古时川渝地区著名的曲子，在当地巴人口中的传唱率非常高，相当于现在的广场舞曲。

据记载，战国时期楚国的郢都举办了一场公开性质的歌唱演出，观众除了雅座之上的各国使臣名家，还有高台之下围观的无数百姓。演出开场的第一首曲子就是《下里》《巴人》，此曲一出，立刻引起了全场轰动。由于《下里》《巴人》讴歌的是百姓生活，无论是乐曲还是歌词都通俗易懂，因而在场聆听的百姓都产生了共鸣，甚至不少百姓还不自觉地跟着乐曲跳起舞来。就连高高在上的楚国国君和应邀而来的使臣也被这首曲子所震撼，此曲虽然曲调并无难度，唱词平凡无奇，但胜在朴实无华。《下里》《巴人》演唱完毕之后，紧接着演奏的是《阳阿》《薤露》，附和之人只有几十个达官显贵，老百姓中也只有一些文士乐者才能听懂；最后演唱的即是《阳春》《白雪》，在场居然只有寥寥几人能够听懂其中妙处。当《阳春》《白雪》演唱完毕之后，演唱者望着众多聆听者茫然的眼神，只能暗叹俗者众而雅者稀，曲高而和者寡。

“下里巴人”是俗吗？是，但它是通俗而不是庸俗，用当下流行的话来说，它更接地气。“俗”是一个“人”字和一个“谷”字，人离不开五谷杂粮，因而“俗”才是百姓所爱。

青狮白象锁大江

重庆慈云寺的山门之前，卧着一尊形态奇特的青狮石像。据老重庆人所言：这青狮石像是文殊菩萨的坐骑所化，原本与其隔江相对的还有普贤菩萨的白象所化的石像。两只神兽落于重庆是为了镇守风水，不让重庆的财富随江水外泄，当地人称之为『青狮白象锁大江』。

其实，『青狮白象』的传说一直难以求证，无论是找当地人还是找文史专家，结果总是『青狮犹在，白象难寻』。直到2010年，重庆市政府在白象街的社区公园内建了一尊汉白玉石像，真正还原了『青狮献瑞，白象呈祥』的寓意，也给『青狮白象锁大江』的传说画上了一个圆满的句号。

青狮白象锁大江

重庆慈云寺的山门之前，卧着一尊形态奇特的青狮石像。据老重庆人所言：这青狮石像是文殊菩萨的坐骑所化，原本与其隔江相对的还有普贤菩萨的白象所化的石像。两只神兽落于重庆是为了镇守风水，不让重庆的财富随江水外泄，当地人称之为“青狮白象锁大江”。

相传明清时期，重庆无论是经济还是文化都发展得非常繁荣。当时人们笃信风水，以水为财，认为重庆的好运都是由长江之水顺带而来。然而，长江仅仅是从重庆路过，江水由西面泱泱而来，却又滚滚东流而去。人们开始担心：重庆是否只会兴盛一时，天长日久后好运会不会随着江水外泄？为了锁住重庆的风水，官府组织百姓一起在寺庙进行祈福。而后，人们在求佛取签时得到佛家偈语，意为“普贤、文殊两位菩萨愿相助，各派其坐骑镇守重庆”。于是，重庆官府分别在长江两岸选址，打造了青狮、白象两只神兽的石像。据说自两座神像建成之后，不仅重庆日渐兴盛，两岸之间渡江的船夫也感觉长江之水平缓了许多。

其实，“青狮白象”的传说一直难以求证，无论是找当地人还是找文史专家，结果总是“青狮犹在，白象难寻”。直到 2010 年，重庆市政府在白象街的社区公园内建了一尊汉白玉石像，真正还原了“青狮献瑞、白象呈祥”的寓意，也给“青狮白象锁大江”的传说画上了一个圆满的句号。

小贴士：

“青狮”与“白象”

青狮：慈云寺原名观音庙，建于唐代，是当时唯一的僧尼合庙，因庙宇风水不佳，建青石狮子镇护。

白象：白象街得名于街口白象池，相传白象池旁原有过一座玉石白象像，不可考。

铜元局的光辉岁月

铜元局是重庆第一家机械工厂，重庆第一台工业机器在这里转动；第一盏电灯在这里点亮；第一批产业工人在这里拼搏……这个名字里就透着『有钱』的地方，曾经是很多老重庆人心中的向往和骄傲。

铜元局中藏着一处『老重庆』，才引来《疯狂的石头》《少年的你》等多部电影的剧组到这里取景，从一片废旧的老厂区变成新时代的网红地，或许每一个人都舍不得放开老重庆的那一抹记忆。

铜元局的光辉岁月

铜元局是重庆第一家机械工厂，重庆第一台工业机器在这里转动；第一盏电灯在这里点亮；第一批产业工人在这里拼搏……这个名字里就透着“有钱”的地方，曾经是很多老重庆人心中的向往和骄傲。

清光绪三十一年（1905），四川总督锡良向朝廷请奏，想在重庆试铸铜元，以盈利充作公司股本，获准后便选中原南岸苏家坝靠河边一带建厂，这便是铜元局伊始。由于晚清政府的无能，直到民国二年（1913），铜元局才正式投产，不料却成为“掌权者”的钱袋子，因此几乎一直处于亏损状态。1930年起，军阀混战，铜元局改为兵工厂，成了一块“香饽饽”，多方势力觊觎此处，甚至撤离之时都将其写入“规划清单”，十分重视。至抗日战争时期，铜元局肩负起为前线供给弹药的重任，因地处江边，有双峰山、鹅岭两座天然屏障，日军轰炸机无法破坏这里，加之工人们同仇敌忾，为抗战胜利做出了巨大贡献。后来，工厂改名为“长江电工厂”，虽然后期厂区迁址到茶园，但这里依然保留着老铜元局和电工厂宿舍区，成为很多老重庆人打牌喝茶的休闲之处，甚至成为很多新一代重庆人感受城市历史文化的打卡圣地。

铜元局中藏着一处“老重庆”，才引来《疯狂的石头》《少年的你》等多部电影的剧组到这里取景，从一片废旧的老厂区变成新时代的网红地，或许每一个人都舍不得放开老重庆的那一抹记忆。

第六章

风云人物

重庆籍仙人铁拐李，原本是个帅哥

铁拐李本名李玄，据说是重庆市江津区石门镇李家坝人。在大家的印象中，铁拐李脸色黝黑，头发蓬松，是个拄着拐杖的邋遢仙人。但在传说中，铁拐李最初是个眉清目秀又勤学好问的帅哥。

巴王多次请他做官都被李玄拒绝，后来巴国灭国，李玄家破人亡后看破红尘，于是求仙学道。几年过去，李玄觉得靠自己悟收效甚微，就想跟老子学道。老子知道后，就来到李玄面前说：『你靠自学道术达到如今水平，实属不易。过几日我打算带你一起到各地神游，你的魂魄务必在七日后来找我。』说罢，老子驾牛而去。

李玄听了十分激动，就对他徒弟说：『我的魂魄要出去几日，肉身留在这里。你好好看护，要是过了七天我的魂魄没回来，那就是我成仙了，你将我的肉身焚掉，但是不到七天，可千万不能焚掉！』

谁知到了第六天，这徒弟的叔叔跑来说他的母亲病危，小徒弟犹豫半天，最终将李玄的肉身焚烧后见母亲去了。

李玄第七天傍晚回来，一看自己的肉身已经被焚烧了，但又急需还魂，见不远处有饿死的乞丐，就钻进了乞丐的身体。不料他起来后发现这乞丐腿瘸，李玄只好接受了这个肉身。太上老君给了他拐杖和酒壶，引渡他成仙。从此，便有了『铁拐李』这个神仙。

重庆籍仙人铁拐李，原本是个帅哥

神话中的铁拐李本名李玄，据说是重庆市江津区石门镇李家坝人。在大家的印象中，铁拐李脸色黝黑，头发蓬松，是个拄着拐杖的邋遢仙人。但在传说中，铁拐李最初是个眉清目秀又勤学好问的帅哥。

当时的铁拐李还叫李玄。巴王多次请他做官都被李玄拒绝，后来巴国灭国，李玄家破人亡后看破红尘，于是求仙学道。几年过去，李玄觉得靠自己悟收效甚微，就想跟老子学道。老子知道后，就来到李玄面前说："你靠自学道术达到如今水平，实属不易。过几日我打算带你一起到各地神游，你的魂魄务必在七日后来找我。"说罢，老子驾牛而去。

李玄听了十分激动，就对他徒弟说："我的魂魄要出去几日，肉身留在这里。你好好看护，要是过了七天我的魂魄没回来，那就是我成仙了，你将我的肉身焚掉，但是不到七天，可千万不能焚掉！"说完，李玄神灵出窍，飘然而去。

李玄魂魄走后，徒弟寸步不离地守着他的肉身。谁知到了第六天，这徒弟的叔叔跑来说他的母亲病危。小徒弟左右为难，就将李玄让他看护肉身的事告诉了叔叔。他叔叔觉得李玄胡说八道，哪有死了 6 天还能还魂的，就劝那小徒弟将李玄的肉身火化。小徒弟犹豫半天，最终将李玄的肉身焚烧后见母亲去了。

李玄第七天傍晚回来，一看自己的肉身已经被焚烧了，但又急需还魂，见不远处有饿死的乞丐，就钻进了乞丐的身体。不料他起来后发现这乞丐腿瘸，正想离开重找肉身，忽听老子说："道应该在表相之外求得，不可只看相貌。只要功德圆满，你就是真仙。"李玄只好接受了这个肉身。太上老君给了他拐杖和酒壶，引渡他成仙。从此，便有了"铁拐李"这个神仙。

小贴士：

传说铁拐李精于药理，并且炼得专治风湿骨痛之药膏，普救众生，所以又被称为"药王"，是从事膏药行业的人的祖师。

不解风情的廪君

重庆是巴族人的故乡，据说廪君就是巴族人最早的祖先。

相传古时钟离山崩塌，出现一红一黑两个山洞，从红色山洞走出的人姓巴，从黑色山洞走出的人分别姓瞫、樊、相、郑。原本5个氏族各自为政，但为了在艰苦的环境中生存，于是选择了联合。随后经过『掷矛』与『土船』两大考验，巴族族长务相被大家拥戴为『廪君』。随后廪君带领族人寻找新的栖息地，在路过盐阳时遇见了美丽的盐水女神。女神对廪君一见钟情，用尽一切方法劝说廪君留下。虽然盐阳的渔业和盐业都非常发达，但毕竟不是本族的土地，难免有寄人篱下之感，因此廪君还是想带领族人继续寻找下去。而盐水女神为了留住廪君，不仅软语温存哄其成亲，还每天清晨化为飞虫，与无数飞虫一起遮蔽天日，让廪君无法离开。可惜廪君一心只为族人，无意于儿女情长。无奈之下，廪君送了一缕青丝给女神，当盐水女神化作飞虫时，他便以青丝为记号，用弓箭射伤了女神，带着族人继续寻找适合生存的地方。廪君带着族人在如今重庆一带落地生根，让五族人繁衍生息，其自身也世代受到百姓的敬仰。

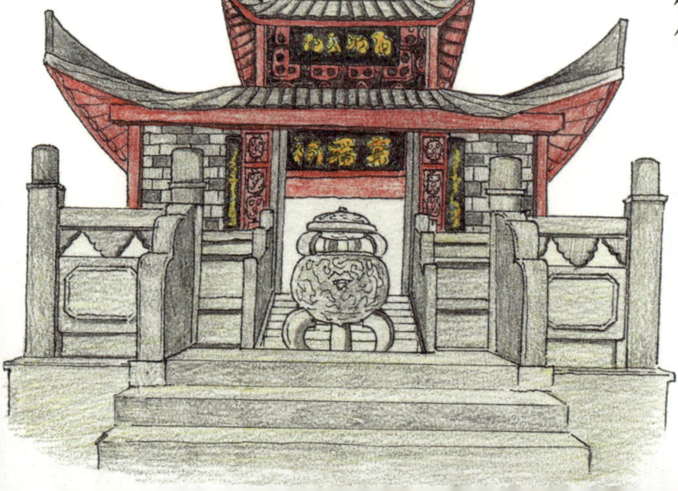

不解风情的廪君

重庆是巴族人的故乡，据说廪君就是巴族人最早的祖先。廪，储藏粮食的仓库。从此就能看出，廪君之所以成为受巴族人敬仰的首领，定是因为充分解决了族人的吃饭问题。然而，廪君虽然是个好首领，却不是个好丈夫，对妻子盐水女神一点儿也不解风情。

相传古时钟离山崩塌，出现一红一黑两个山洞，从红色山洞走出的人姓巴，从黑色山洞走出的人分别姓瞫、樊、相、郑。原本 5 个氏族各自为政，但为了在艰苦的环境中生存，于是选择了联合。随后经过“掷矛”与“土船”两大考验，巴族族长务相被大家拥戴为“廪君”。随后廪君带领族人寻找新的栖息地，在路过盐阳时遇见了美丽的盐水女神。女神对廪君一见钟情，用尽一切方法劝说廪君留下。虽然盐阳的渔业和盐业都非常发达，但毕竟不是本族的土地，难免有寄人篱下之感，因此廪君还是想带领族人继续寻找下去。而盐水女神为了留住廪君，不仅软语温存哄其成亲，还每天清晨化为飞虫，与无数飞虫一起遮蔽天日，让廪君无法离开。可惜廪君一心只为族人，无意于儿女情长。无奈之下，廪君送了一缕青丝给女神，当盐水女神化作飞虫时，他便以青丝为记号，用弓箭射伤了女神，带着族人继续寻找适合生存的地方。廪君带着族人在如今重庆一带落地生根，让五族人繁衍生息，其自身也世代受到百姓的敬仰。

相传廪君仙逝后化为白虎，巴族人便以其为部落图腾，时至今日还有不少老重庆人依然心怀廪君，在当地很多传统庙宇中仍能看到廪君的神像。

小贴士：

五族选首领的考验

1. 掷矛：能将长矛投掷在洞壁上，且插入洞壁者为胜。只有务相成功通过考验，且长矛上还可悬挂刀剑，证明长矛入墙极深。

2. 土船：制作的土船入水不沉者为胜。只有务相的土船不但不沉，而且可以载人运行。

热血硬汉巴蔓子

据说昔日巴国由于连年对外征战，国力日渐衰弱，国内不少贵族趁机起兵，巴国一时间四分五裂。此时，身为大将军的巴蔓子从边境战场回到巴国，见此情景非常愤怒，但又无兵可用，难以平息叛乱。随后，巴蔓子决定向比邻的楚国借兵。楚王深知巴蔓子乃是将才，若借兵给他他定然能重整巴国，但楚国必有利可图方能借兵。于是，楚王同意借兵给巴蔓子，但提出要求：平定内乱后，巴国要割让三座城池给楚国。一时间巴蔓子陷入两难：他若是不答应，就借不到兵，就要眼看巴国分崩离析；若是答应，割让城池比割掉自己的手足还要疼痛。情急之下，巴蔓子立下誓约：事成之后若不能交付三座城池，必当提头来见。仅用了一年的时间，巴蔓子指挥楚军平乱成功，让巴国重新恢复了安定。此时，楚国使臣来找巴蔓子索要城池，巴蔓子毅然说道：『巴族人绝不食言，不能交付城池，奉上人头！』说完他立即横刀自刎，竟将自己的头割下。楚臣不知所措，唯有将巴蔓子的头颅放入一只紫檀盒带回楚国。

热血硬汉巴蔓子

重庆人性格火辣外向、豪爽耿直，尤其是男子，具备独特的硬汉气质，据说这都是继承了古时巴族人的性格特征。如果要在巴渝历史上找一个硬汉代表人物，相信一代将军巴蔓子再合适不过。他曾为了巴人的家园，毅然献上了自己的头颅。

据说昔日巴国由于连年对外征战，国力日渐衰弱，国内不少贵族趁机起兵，巴国一时间四分五裂。此时，身为将军的巴蔓子从边境战场回到巴国，见此情景非常愤怒，但又无兵可用，难以平息叛乱。随后，巴蔓子决定向比邻的楚国借兵。楚王深知巴蔓子乃是将才，若借兵给他他定然能重整巴国，但楚国必有利可图方能借兵。于是，楚王同意借兵给巴蔓子，但提出要求：平定内乱后，巴国要割让 3 座城池给楚国。一时间巴蔓子陷入两难：他若是不答应，就借不到兵，就要眼看巴国分崩离析；若是答应，割让城池比割掉自己的手足还要疼痛。情急之下，巴蔓子立下誓约：事成之后若不能交付 3 座城池，必当提头来见。仅用了一年的时间，巴蔓子指挥楚军平乱成功，让巴国重新恢复了安定。此时，楚国使臣来找巴蔓子索要城池，巴蔓子毅然说道：“巴族人绝不食言，不能交付城池，奉上人头！”说完他立即横刀自刎，竟将自己的头割下。楚臣不知所措，唯有将巴蔓子的头颅放入一只紫檀盒带回楚国。楚王被巴蔓子的热血刚直所震撼，不但放弃向巴国索要城池的念头，而且命人将巴蔓子的头颅葬于楚国荆门山，让其能永世望着自己的故乡。

人言“巴师英勇”“巴渝出将才”。据说，这方山水所孕育的每一个人都继承了巴蔓子浩然的气魄，也让当年的硬汉巴蔓子不再有遗憾。

中国最早的女首富巴清

巴清生于战国巴郡，自幼美貌聪颖，随父读书习字，后嫁于炼制汞丹的商人为妻。后来丈夫英年早逝，巴清将丈夫的炼丹事业发展壮大。

据说秦始皇统一六国之后，最关心的有两件事：一是修建长城抵御外敌；二是服用仙丹以长生不老。而恰好巴清在这两件事上都能帮得上忙。秦始皇登基时，巴清早已是巴蜀甚至南方著名的商贾，她当时主动将财产贡献出来修长城。相传因为此事，秦始皇曾邀请她到咸阳宫做客，并亲口对当朝百官说自己欠巴清的钱。至于长生不老的仙丹，巴清本就以炼丹炼汞起家，对丹药的炼制自然有独到的见解。据说秦始皇派徐福多次访仙山无果，其间一直服用巴清家族秘制的丹药。但巴清从未向秦始皇承诺服用丹药可得长生。

巴清过世之后，秦始皇下令在其葬地筑『女怀清台』，并亲自为巴清写了墓志铭。

中国最早的女首富巴清

古时男尊女卑，一个女子若能在某一领域取得成就，必然要付出倍于常人的努力。巴清身为女子，能以一己之力支撑家族企业并将其发展壮大，成为秦国首富，可谓女中豪杰。历史上，就连叱咤风云的秦始皇都对其青睐有加。

巴清生于战国巴郡，自幼美貌聪颖，随父读书习字，后嫁于炼制汞丹的商人为妻。后来丈夫英年早逝，巴清将丈夫的炼丹事业发展壮大。据说秦始皇统一六国之后，最关心的有两件事：一是修建长城抵御外敌；二是服用仙丹以长生不老。而恰好巴清在这两件事上都能帮得上忙。秦始皇登基时，巴清早已是巴蜀甚至南方著名的商贾，她当时主动将财产贡献出来修长城。相传因为此事，秦始皇曾邀请她到咸阳宫做客，并亲口对当朝百官说自己欠巴清的钱。至于长生不老的仙丹，巴清本就以炼丹炼汞起家，对丹药的炼制自然有独到的见解。据说秦始皇派徐福多次访仙山无果，期间一直服用巴清家族秘制的丹药。但巴清从未向秦始皇承诺服用丹药可得长生。当然，有了秦始皇这层关系，巴清的商业之路更加顺风顺水。巴清过世之后，秦始皇下令在其葬地筑“女怀清台”，并亲自为巴清写了墓志铭。

巴清之所以能得到秦始皇的敬重，并非只是因为她捐资献丹，更多是因其坚韧的性格和超凡的心胸。由此可见，古往今来外在之物虽可让人注目，但只有内在美德才能真正让人折服。

巴渝第一状元冯时行

冯时行素有文才，但他骨子里仍有巴渝人的傲气。南宋初年，赵构的小朝廷在金人的压迫下过得战战兢兢，虽然岳飞等将领多次打退金人的进攻，赵构却仍然一心议和，宁肯低头向金称臣，也要保住半壁江山。冯时行虽为文臣，却是主战派。他呈上《请分兵以镇荆襄疏》，请求朝廷派大臣重兵镇荆，分担岳飞在江汉间的压力，并且引用了项羽阵前欲杀刘邦老父，被刘邦巧言化解的典故，点明徽钦二宗尚在金朝为质，新皇怎能低头议和。冯时行的这番言语激怒了赵构，在秦桧等奸臣的鼓动下，冯时行接连被贬，最终被除去状元之名，贬为庶人。

冯时行一气之下回到缙云山结庐读书，满腔忧国忧民的心思无处抒发，只好著书立作，写诗填词。直到秦桧死后，冯时行才被起复，仍将满腔热血洒在巴渝大地上。他先后任职于蓬州（今四川蓬安）、黎州（今四川汉源），死于雅州（今四川雅安）任上。雅州民众斥钱70万，为冯时行立了祠庙。

巴渝第一状元冯时行

冯时行是北宋恭州（今重庆）人，曾经历靖康之变、南宋建立、宋高宗赵构主张议和和抗金名将岳飞含冤而死等众多变故。冯时行虽为文士，但也有一腔热血，坚决反对议和，因而被贬。他的品格得到了巴渝人民的尊重，他被巴渝人民冠以“巴渝第一状元”的称号，以赞其铮铮铁骨。

冯时行素有文才，是常出彪悍豪侠的巴渝地区难得的文状元，但他骨子里仍有巴渝人的傲气。南宋初年，赵构的小朝廷在金人的压迫下过得战战兢兢，虽然岳飞等将领多次打退金人的进攻，赵构却仍然一心议和，宁肯低头向金称臣，也要保住半壁江山。冯时行虽为文臣，却是主战派。他呈上《请分兵以镇荆襄疏》，请求朝廷派大臣重兵镇荆，分担岳飞在江汉间的压力，并且引用了项羽阵前欲杀刘邦老父，被刘邦巧言化解的典故，点明徽、钦二宗尚在金朝为质，新皇怎能低头议和。冯时行的这番言语激怒了赵构，在秦桧等奸臣的鼓动下，冯时行接连被贬，最终被除去状元之名，贬为庶人。

冯时行一气之下回到缙云山结庐读书，满腔忧国忧民的心思无处抒发，只好著书立作，写诗填词。直到秦桧死后，冯时行才被起复，此时已是他被贬18年后，壮年文士已白头，却仍将满腔热血洒在了巴渝大地上。他先后任职于蓬州（今四川蓬安）、黎州（今四川汉源），死于雅州（今四川雅安）任上。雅州民众斥钱70万，为冯时行立了祠庙。

冯时行一生著有《缙云文集》43卷，其中4卷被收入清朝《四库全书》，篇前提要赞冯时行的诗“忠义之气隐然可见”。

小贴士：

状元桥头的一段文字，对重建状元桥有这样的描述：“中华科举起于隋，止于清，一千三百年出状元五百有余，北宋代之璧山独占其二，曰冯公时行、曰蒲公国宝，邑人遵朝制，建状元坊。立于宋，毁于元，重建于明，毁于民国。公元二零一一年再建于此，名状元桥。”

我国古代唯一封侯的女将——秦良玉

迄今为止，见于正史、有单独列传并被朝廷确认功绩封侯列爵的巾帼英雄，只有明朝女将秦良玉一人。

秦良玉于1574年出生在今重庆忠县的一户书香之家。秦良玉的父亲很开明，让她从小与兄秦邦屏、弟秦民屏一起学骑射、兵法。成年后，秦良玉嫁给了石砫土司马千乘，开始了戎马生涯。

1599年，贵州播州土司杨应龙起兵造反，声势浩大。秦良玉夫妇带领自己的『特种部队』——白杆兵，跟随明朝总督李化龙讨伐叛军。两人杀敌有方，作战英勇，战功赫赫。李化龙为表彰秦良玉，亲授她一面带有『女中丈夫』四字的银牌，秦良玉『女将军』的英名开始被广为传诵。

我国古代唯一封侯的女将——秦良玉

提起巾帼英雄，很多人第一反应是花木兰、佘太君、穆桂英。但这些人只存在于小说中，历史中是否确有其人，还有待考证。而迄今为止，见于正史、有单独列传并被朝廷确认功绩封侯列爵的巾帼英雄，只有明朝女将秦良玉一人。

秦良玉于 1574 年出生在今重庆忠县的一户书香之家。秦良玉的父亲很开明，让她从小与兄秦邦屏、弟秦民屏一起学骑射、兵法。成年后，秦良玉嫁给了石砫（旧县名，在今重庆）土司马千乘，开始了戎马生涯。

1599 年，贵州播州土司杨应龙起兵造反，声势浩大。秦良玉夫妇带领自己的“特种部队”——白杆兵，跟随明总督李化龙讨伐叛军。两人杀敌有方，作战英勇，战功赫赫。李化龙为表彰秦良玉，亲授她一面带有“女中丈夫”四字的银牌，秦良玉“女将军”的英名开始被广为传诵。

1613 年，马千乘被太监诬陷，入狱冤死。按土司夫死子袭、子幼则妻袭之制，秦良玉继任石砫宣抚使。万历末年，努尔哈赤进攻明朝，掀起萨尔浒之战。明军惨败，明廷征兵援辽，秦良玉随即与兄秦邦屏、弟秦民屏率兵北上。秦良玉所率白杆兵勇猛无畏，加上秦良玉在回乡筹兵时，迅速平定了永宁（在今云南一带）土司奢崇明的叛乱，她和她的白杆兵名闻天下。

1630 年，皇太极率领八旗大军围困北京。秦良玉得令后即刻率白杆兵赴京。虽然秦良玉的白杆兵只有数千人，但威名在外，满洲兵自然有所忌惮，加上领军统帅孙承宗善于用兵，最终迫使皇太极撤兵而去。也是因为秦良玉的赫赫威名，张献忠领军入川时，丝毫不敢进犯石砫。

1648 年，秦良玉病逝，南明王朝追谥其为“忠贞侯”。清军入川后，对既是对手也是榜样的秦良玉尊敬有加，下令不得损坏秦良玉的坟墓。